减负增能：谢岗中心小学教师队伍建设实践

罗月秀◎著

汕头大学出版社

图书在版编目（CIP）数据

减负增能 ：谢岗中心小学教师队伍建设实践 / 罗月秀著. -- 汕头 ：汕头大学出版社，2024. 8. -- ISBN 978-7-5658-5381-4

Ⅰ．G625.1

中国国家版本馆CIP数据核字第20242LS275号

减负增能 ：谢岗中心小学教师队伍建设实践
JIANFU ZENGNENG : XIEGANG ZHONGXIN XIAOXUE JIAOSHI DUIWU JIANSHE SHIJIAN

著　　者：	罗月秀
责任编辑：	闵国妹
责任技编：	黄东生
封面设计：	叶杨杨
出版发行：	汕头大学出版社
	广东省汕头市大学路243号汕头大学校园内　邮政编码：515063
电　　话：	0754-82904613
印　　刷：	武汉鑫佳捷印务有限公司
开　　本：	787mm×1092mm　1/16
印　　张：	10.5
字　　数：	140千字
版　　次：	2024年8月第1版
印　　次：	2024年9月第1次印刷
定　　价：	68.00元

ISBN 978-7-5658-5381-4

版权所有，翻版必究

如发现印装质量问题，请与承印厂联系退换

序　言

教育是国家的根本，教师则是教育的灵魂。作为教育的主体，教师肩负着培养下一代的重要使命。尤其在小学阶段，教师的素质和能力直接影响到孩子们的成长和发展。同时，作为知识传递、灵魂塑造的工程师，教师的工作状态和职业发展备受关注。然而，现实中，教师们往往承受着巨大的压力，这些压力不仅来自繁重的教学任务，还来自社会对教育的无限期望。在这样的背景下，如何为教师减负，同时提升教师的专业素养和专业能力，成为教育界乃至整个社会的重要议题。本书以此为出发点，深入探讨了这一时代命题，为我们提供了宝贵的经验和启示。

罗月秀校长是东莞市中小学名校长工作室主持人，她在东莞市谢岗镇教育领域深耕三十余载，其贡献和影响力是深远的。在多所学校任教期间，她不仅展现了卓越的教学能力和教育智慧，更以锐意改革的姿态推动了谢岗教育的发展，特别是将东莞市谢岗镇中心小学打造成为东莞市品牌学校。本书以东莞市谢岗镇中心小学为背景，通过真实案例和深入分析，探讨了小学教师发展的多维需求、理论构想、实施过程及保障措施，揭示了小学教师减负增能的有效途径，为小学教师的专业发展提供了理论支持和实践指导。

本书共分为七章。第一章为绪论，概述了小学教育的"三减"之势、小学教师发展的历史回顾及未来构想，为全书的内容奠定了基础。第二章从理论学研、课堂教学、课程拓展、班级治理和家校协作五个方面，详细阐述了小学教师发展的多维需求，为教师的专业成长提供了全面的方向。

第三章则从理论角度出发，探讨了小学教师发展模式的理论构想，包括教师发展的理论基础、"五维一体"模式的构建及小学教师专业发展的基本策略。本章为教师发展提供了理论支持和指导。

第四章至第六章，本书将视角转向谢岗镇中心小学，通过深入谢岗镇中心小学教师发展现场，揭示了该校教师发展的研制过程和实施过程。这些章节详细介绍了谢岗镇中心小学的文化背景、教师发展理念的构建，以及具体的实施措施和保障措施，为其他学校提供了宝贵的借鉴和参考。

最后，第七章总结了谢岗镇中心小学在教师发展过程中所采取的保障措施，包括团队精神的培养、分层分类的发展、个人规划的落实、评价机制的推动及温馨环境的营造。这些措施为教师的专业发展提供了有力的保障和支持。

本书的特点在于具有较强的实践性、针对性和系统性。罗月秀校长立足我国基础教育实际，以真实案例为基础，结合理论研究，为教师减负增能提供了有力的支持。同时，本书还注重从多个层面进行分析，既关注政策环境，又关注教师个人发展。此外，本书结构严谨，内容丰富，系统性地展现了教师减负增能的全过程。

在此，我谨向罗月秀校长表示衷心的祝贺，并对她的辛勤付出表示敬意。同时，也希望能有更多的教师、教育工作者关注这一问题，共同为提升我国基础教育质量贡献力量。

是为序。

东莞市中小学教师发展中心 郭鲲鹏
2024 年 6 月

目 录

第一章 绪 论 …………………………………………………………… 1

　第一节　小学教育的"三减"之势 ……………………………………… 1

　第二节　小学教师发展的历史回顾 ……………………………………… 4

　第三节　小学教师发展的未来构想 ……………………………………… 13

第二章 小学教师发展的多维需求 …………………………………… 17

　第一节　理论学研：提升自身内在素养 ………………………………… 18

　第二节　课堂教学：催生双馨教学风格 ………………………………… 25

　第三节　课程拓展：推动师生多元发展 ………………………………… 29

　第四节　班级治理：凝聚特色共进力量 ………………………………… 33

　第五节　家校协作：构建共育共进关系 ………………………………… 38

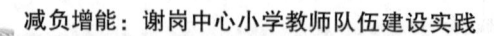

第三章　小学教师发展模式的理论构想 ········ 42

第一节　教师发展的理论基础 ········ 42
第二节　"五维一体"模式的构建 ········ 45
第三节　小学教师专业发展的基本策略 ········ 52

第四章　走近谢岗中心小学教师发展现场 ········ 60

第一节　谢岗中心小学的文化背景 ········ 60
第二节　谢岗中心小学教师发展理念的构建 ········ 70

第五章　谢岗中心小学教师发展的研制过程 ········ 82

第一节　谢岗镇中心小学教师发展的目标确定 ········ 82
第二节　谢岗镇中心小学教师发展内容选择与组织 ········ 89
第三节　谢岗镇中心小学教师发展实施的决策 ········ 94
第四节　谢岗镇中心小学教师发展评价的设计 ········ 97

第六章　谢岗中心小学教师发展的实施过程 ········ 113

第一节　理论学研 ········ 114
第二节　课堂教学 ········ 119
第三节　班级管理 ········ 137
第四节　课程拓展 ········ 142
第五节　家校协作 ········ 144

第七章　保障措施……………………………………………… 146

第一节　团队精神的培养 …………………………………… 146
第二节　分层分类的发展 …………………………………… 148
第三节　个人规划的落实 …………………………………… 150
第四节　评价机制的推动 …………………………………… 153
第五节　温馨环境的营造 …………………………………… 155

第一章 绪 论

第一节 小学教育的"三减"之势

为中小学生、教师和学校减负,旨在通过改革教育体系,降低不合理的学习和工作压力,促进学生的全面发展与身心健康,激发他们的学习兴趣和创新能力;同时,提高教师的职业满意度和教学质量,营造更加积极健康的教育环境,确保教育资源公平合理地配置,推动社会长远发展和人才培养的可持续性。

一、为教师减负:提高教育质量

随着时代的发展,对优秀教师和优质学校的需求不断增长,对教师的要求也越来越高。然而,教师们面临着日益沉重的事务性工作压力,导致他们疲于应付教学任务,无法满足人民对教育质量的需求。为了提高中小学教师的工作环境,减轻他们的工作负担,提高教育教学质量,促进教育事业的发展,2019年12月15日,中共中央办公厅、国务院办公厅印发了《关于减轻中小学教师负担进一步营造教育教学良好环境的若干意见》[1]。

---

[1] 中共中央办公厅,国务院办公厅. 关于减轻中小学教师负担进一步营造教育教学良好环境的若干意见[EB/OL].(2019-12-15)[2024-05-08]. https://www.gov.cn/zhengce/2019-12/15/content_5461432.htm.

该文件旨在通过一系列措施，解决教师面临的问题，创造更好的教育教学环境。其中包括减少教师的非教学任务，提高教师的专业发展机会，加强教师队伍建设，优化教育资源配置等。这些举措旨在提升教师的工作效率和教学质量，为学生提供更好的教育服务，推动教育事业的可持续发展。

《关于减轻中小学教师负担进一步营造教育教学良好环境的若干意见》旨在提高中小学教师的工作环境，减轻他们的工作负担，提高教育教学质量，促进教育事业的发展。这将为教师提供更好的发展机会，为学生提供更优质的教育服务，推动教育事业的可持续发展。同时，这些意见要求省级党委和政府要根据本意见精神，列出具体减负清单，扎实推进减轻中小学教师负担工作取得实效。

二、为学生减负：提升综合素养

2018年12月28日，教育部等九部门颁发了《中小学生减负措施》（减负三十条）[①]，要求以习近平新时代中国特色社会主义思想为指导，深入学习贯彻党的十九大精神，落实全国教育大会部署，全面贯彻党的教育方针，坚持社会主义办学方向，遵循教育规律，落实立德树人根本任务，坚持政府主导、各方参与、综合施策、标本兼治的基本原则，加强统一部署、统一行动，进一步明确并强化政府、学校、校外培训机构、家庭等各方责任，推进育人方式改革，发展素质教育，规范学校办学行为和校外培训机构发展，扭转不科学的教育评价导向，引导全社会树立科学教育质量观和人才培养观，切实减轻违背教育教学规律、有损中小学生身心健康的过重学业负担，促进中小学生健康成长，培养德智体美劳全面发展的社会主义建设

---

① 中华人民共和国教育部. 教育部等九部门关于印发中小学生减负措施的通知 [EB/OL]. （2018-12-28）[2024-05-08]. http://www.moe.gov.cn/srcsite/A06/s3321/201812/t20181229_365360.html.

者和接班人。

为深入贯彻党的十九大和十九届五中全会精神，切实提升学校育人水平，持续规范校外培训（包括线上培训和线下培训），有效减轻义务教育阶段学生过重作业负担和校外培训负担，2021年7月24日，中共中央办公厅、国务院办公厅印发了《关于进一步减轻义务教育阶段学生作业负担和校外培训负担的意见》[①]，具体包括以下内容：

（1）合理安排作业：学校和教师要合理安排学生的作业量和难度，避免过多的重复性作业和机械性记忆，注重培养学生的综合能力和创新思维。

（2）优化课程设置：学校要合理安排课程，避免过多的课外补习班和培训班，减少学生的课外学习负担，保证学生有足够的休息时间和兴趣发展空间。

（3）加强教育监管：相关部门要加强对校外培训机构的监管，确保其合法合规，杜绝超负荷的培训和过度竞争的现象，保护学生的身心健康。

（4）提高教育质量：加大对教育资源的投入，提高学校教育质量，减少学生对校外培训的依赖，使学生能够在学校获得全面的教育。

（5）加强家校合作：学校和家长要加强沟通和合作，共同关注学生的学习和成长，避免过度追求分数和竞争，营造轻松、愉快的学习氛围。

这些意见的主要目的是为了保障学生的身心健康发展，减轻他们在义务教育阶段的学业负担和校外培训负担，促进学生全面发展和素质教育的实施。

---

① 中共中央办公厅，国务院办公厅.关于进一步减轻义务教育阶段学生作业负担和校外培训负担的意见［EB/OL］.（2021-07-24）［2024-05-08］.https://www.gov.cn/zhengce/2021-07/24/content_5627132.htm.

三、为学校减负：回归教育本源

为推进教育领域的综合改革，尤其是评价体系改革，2020年10月13日，中共中央、国务院印发了《深化新时代教育评价改革总体方案》[①]。该方案从以下方面为学校减负：

（1）优化评价指标：建立以德育为核心的评价体系，减少对单一学科成绩和考试成绩的过度依赖，从而降低学校因应付考试导向的压力。

（2）改革考试制度：调整考试频次和内容，减少标准化测试，推动多元化、综合性评价方法的应用，这样可以减少学校为追求分数而增加的额外负担。

（3）减少无效任务：减少对学校的行政性、形式性要求，使学校能专注于教育教学本职工作，减少教师的非教学任务。

（4）鼓励创新教育：鼓励和支持学校进行教育教学方法的探索和创新，通过改变教育教学方式来降低传统应试教育给学校带来的压力。

（5）强调学生发展：将学生的个性发展、创新精神和实践能力纳入评价体系，引导学校放眼学生长远发展，减少短期内过度强调考试成绩。

减轻学校负担是为了推动素质教育、促进学生全面发展、缓解学业压力和促进教育公平。这些目标的实现将有助于提高教育质量，培养更多有创造力和创新精神的人才。

第二节 小学教师发展的历史回顾

教师发展是指教师在职业生涯中不断提升专业知识、教学技能和教育

---

① 中华人民共和国教育部. 中共中央 国务院 深化新时代教育评价改革总体方案［EB/OL］.（2020-10-13）［2024-05-08］. http://www.moe.gov.cn/jyb_xxgk/moe_1777/moe_1778/202010/t20201013_494381.html.

理念，以适应变化的教育环境和学生需求的过程。教师专业发展是教师发展的重要组成部分，是教师为了提升专业水准与专业表现而经自我决策所进行的各项活动与学习经历，以期促进专业成长、改进教学效果、提高学习效能。[①] 其目的是帮助教师成为优秀的教育者，有效引导学生学习和促进学生全面发展。教师的专业发展不仅是个人职业生涯的需要，也是整个教育系统优化和社会进步的要求。教师应持续学习和实践，更新教育观念、丰富教育内容，并积极参与教育研究，运用最新科研成果指导教育实践。同时，教师还应积极参与社会交流，通过各种平台分享教育理念和经验，倡导教育的公共价值，成为学校教育和社会发展的桥梁。教师通过这样的专业发展路径不仅能使个人受益，也能让学生和社会从中获益。

一、小学教师发展的缘由

众多古代思想家对教师的角色和要求提出了深刻的见解。唐代文学家韩愈在《师说》中说道："古之学者必有师。师者，所以传道受业解惑也。（出处：师说）人非生而知之者，孰能无惑？惑而不从师，其为惑也，终不解矣。"这体现了对师者角色的深刻理解。《礼记·学记》中的"教书育人，行之以礼"强调了教师在教书育人过程中应注重礼仪，应以礼待人，尊重学生，建立良好的师生关系。《论语·公冶长》中的"不耻下问"要求教师应虚心学习，不怕向他人请教，保持谦逊的态度，不断追求进步。《庄子·养生主》中的"授人以鱼不如授人以渔"强调了教师应注重培养学生的自主学习能力，教师不仅要传授知识，更要教会学生学习的方法和技巧，让他们能够独立思考和解决问题。

古代思想家对教师发展也提出了深刻的见解。孔子提出"温故而知新，可以为师矣"，强调了通过回顾过去的知识和经验，才能获得新的知识，

---

① 赵昌木. 教师专业发展[M]. 济南：山东人民出版社，2011：6-7.

从而成为合格的教师。孟子则提出"教无常师",意味着教育不应受限于一个固定的师者,而是应该从各个方面汲取智慧。荀子认为"学然后知不足,教然后知困",强调了通过教学才能真正认识到自己的不足之处。朱熹则提出"教学相长",强调了教师和学生在教学过程中相互促进、共同成长的重要性。这些思想家们都强调了教师的重要性和发展的必要性,提醒教师们要不断学习、反思和提升自己,以更好地履行教育使命。

在现代教育体系中,教师的角色变得更加多元和复杂。他们不仅是知识的传递者,也是学习的引导者,同时还是教育理念的实践者,即扮演着教育家的角色。此外,教师还需要投身于科学研究,作为科研学者来探索教育的新境界。同时,教师也应参与社会公共事务的讨论,影响和推动社会的进步。因此,教师不仅要提升自身的专业能力,还需要具备广泛的知识和强烈的社会责任感,以更好地履行教育使命。

二、小学教师发展的标准

为促进小学教师的专业发展,建设高素质的小学教师队伍,教育部于2012年2月10日根据《中华人民共和国教师法》和《中华人民共和国义务教育法》,发布了《小学教师专业标准(试行)》的通知(教师20121号)[①](以下简称《专业标准》)。《专业标准》的制定旨在提高小学教师的专业水平和教育质量,促进小学教育的健康发展,也有助于提高小学教育的质量,培养出更多优秀的学生,为国家的未来发展作出贡献。《专业标准》设置了三个维度,即"专业理念与师德""专业知识""专业能力"。每个维度下设若干领域,其中"专业理念与师德"维度包含四个领

---

① 中华人民共和国教育部. 教育部关于印发《幼儿园教师专业标准(试行)》《小学教师专业标准(试行)》和《中学教师专业标准(试行)》的通知[EB/OL].(2012-02-10)[2024-05-08]. http://www.moe.gov.cn/srcsite/A10/s6991/201209/t20120913_145603.html.

域,"专业知识"维度包含四个领域,"专业能力"维度包含五个领域,共涉及十三个领域,每个领域又设若干"基本要求",《专业标准》共设有五十八项基本要求。

在"专业理念与师德"维度中,有四个领域,强调教师应热爱教育事业,具备正确的教育理念和高尚的职业道德,关心学生成长,尊重差异,并致力于学生的全面发展。同样,"专业知识"维度包含四个领域,要求教师拥有扎实的学科知识基础,并能有效地组织教学活动,培养学生的基本技能。而"专业能力"维度则更加细化,包括五个领域,旨在培养教师在教学实践、研究、管理、创新等多方面的能力。

通过遵循这些标准,教师们将更好地履行教育者的职责,为学生的未来奠定坚实的基础。同时,这些标准为小学教师的招聘、培训和评价提供了参考依据,也为教师个人的职业发展提供了指导。

三、小学教师发展的内容

为提升教育质量并满足学生日益增长的学习需求,小学教师的专业发展显得尤为关键。在社会不断进步与发展的大背景下,教育领域的要求也在持续升级,这要求小学教师必须具备更高层次的专业素养和更精湛的教育技能。通过不断地自我提升和专业成长,小学教师能够深刻洞察学生的个性化特征和学习需求,并据此设计出更为高效、创新的教学方案,以及提供更加个性化的教育服务。同时,小学教师的持续发展也是提升整体教育水平、培育未来社会所需人才的重要途径。因此,小学教师的职业发展既是适应教育发展趋势的必然选择,也是提高教育品质、促进学生全面成长的重要保障。

小学教师的职业发展内容丰富多元,主要包括但不限于专业知识与技能的升级、教育观念与教学方法的革新,以及教育研究与创新能力的强化等方面。首先，面对教育领域的动态变化，小学教师需要通过持续学习来更新和扩充自身的专业知识库，以便更好地适应新的教育环境和学生的多样化需求。其次，紧跟教育研究的最新动态，积极更新教育理念和教学策略，是小学教师发展过程中不可或缺的一环，他们应探索并采纳有利于学生发展的有效教学方法。此外，小学教师还应致力于提升自身的教育研究和创新能力，通过参与教育改革项目、开展实证教育研究，不断提高教学实践的质量和效果。

四、小学教师发展的路径

小学教师发展路径是指教师在职业生涯中不断成长和进步的方向和途径。马晴晴认为，根据不同专业发展阶段教师的职业生涯发展需求和学习需求，学校和教育部门应积极为教师提供某一领域丰富的理论知识、教育实践的培训和学习机会，确保教师通过长期的、专门的培训和学习，始终具备适应我国教育事业在不断发展过程中所提出的新要求，达到时代对教师专业发展提出的相关标准要求，确保能够为学生始终提供优质的教育服务。[1] 在教师队伍建设方面，牟映雪等学者提出，可以通过构建多元的共同体组织体系、打造互惠共享的网络共同体平台、构建协同育人的师资培养体系等，推动城乡教师发展共同体建设；[2] 谢希红认为，专业发展共同体可以支持和帮助教师改进、完善自身的教学实践，从而为学校的发展和教育教学提供更多的教学资源[3]。对于乡村教师的专业发展，马银标、李

---

[1] 马晴晴. 教师专业发展：内涵、价值取向及优化路径［J］. 黑龙江教师发展学院学报，2023（11）：32-35.

[2] 牟映雪，李娅坤，鲁哲，等. "优师计划"背景下城乡教师发展共同体的建设路径［J］. 成都师范学院学报，2023，39（10）：57-64.

[3] 谢希红. 小学教师专业发展共同体建设路径［J］. 亚太教育，2021（11）：44-46.

广认为，实现乡村教育信息化和现代化的建设，需要实现职前职后一体化，需要"U（高校）—S（小学）"协同，并且在不同阶段都必须处理好三个要素：人力（核心要素）、物力（基本要素）以及环境要素，只有这样才能实现教师 TPACK 能力的培育。[①]2018 年，中共中央、国务院印发《关于全面深化新时代教师队伍建设改革的意见》，将"教师主动适应信息化、人工智能等新技术变革，积极有效开展教育教学"写进改革的"目标任务"中。同年，教育部印发《教育部 2018 年工作要点》，提出"启动人工智能＋教师队伍建设行动计划"。因此，在智能时代，教师专业发展有了更高的要求，洪玲认为"有必要主动面向教师专业发展本身与'在场'，构建以中小学教师自身专业发展为中心，联合区域学校、政府和企业三个向度共同发力的教师专业发展路径模型，结合内部驱动与外部驱动，共同推动人工智能赋能教师队伍建设和发展"[②]。

根据时代要求，结合学校实际，小学教师在专业知识与技能提升、教育科研与创新实践、教育管理与领导能力培养、教育技术与信息化应用、教育心理与学生发展关注等方面需不断提升自己的专业素养和教育能力，以更好地适应和引领教育发展的需求。校本研修是指"以本校教师为主体、学校为主导、本校教育教学为对象、提升本校教育教学质量为根本目的的一套学校教师专业发展制度，其核心是通过教师的专业发展达成学生的发展和学校的发展"[③]。校本研修是提高教师素质、改变学校面貌的重要途径，

[①] 马银标，李广. 乡村振兴背景下乡村小学教师专业发展培育路径［J］. 教学与管理，2023（11）：34-41.

[②] 洪玲. 智能时代中小学教师专业发展：内涵转向、困境根源及路径模型［J］. 中国教育信息化，2023（10）：102-111.

[③] 戚业国. 新课程背景下中小学教师校本培训研究［J］. 中国教育学刊，2004（6）：56-59.

是学校实现内涵式发展的必然要求，它适用于各级各类小学教师发展。

（1）教研活动：学校可以组织教师进行教研活动，例如教学观摩、教学案例分享、教学反思等。教师可以相互学习借鉴，分享教学经验和教学方法，提高教学质量。

（2）学科组研修：学校可以组织学科组研修活动，让同一学科的教师进行交流和合作。教师可以共同研究学科教学的难点和问题，探索解决方案，提高学科教学水平。

（3）教育技术培训：学校可以组织教育技术培训，帮助教师掌握使用教育技术工具和平台的技能。教师可以学习如何利用电子白板、教育软件、在线教学平台等工具，丰富教学手段，提高教学效果。

（4）教学评估与反馈：学校可以进行教学评估和反馈，帮助教师了解自己的教学情况和问题。通过观课、评课、同行评教等方式，教师可以接受专业的评估和指导，改进自己的教学方法和策略。

（5）教育研究项目：学校可以组织教师参与教育研究项目，让教师深入研究某个教育问题或主题。教师可以通过参与研究项目，提升自己的研究能力和专业素养，为学校教育改革和发展作出贡献。

通过校本研修活动，小学教师可以在学校内部获得专业发展和成长的机会，在外部获得更多更好的智力和资源支持，从而提高自己的教育水平和教学能力。

五、小学教师发展的评价

教师评价是指评价者为达到一定目的，根据制定的标准，依凭丰富信息对教师的基本素养、专业表现及活动成效等进行价值判断的过程。[1]它

---

[1] 张清，张雪，赵兰香. 课堂教学设计与教育评价[M]. 长春：吉林人民出版社，2022：114.

是一种系统性的过程,旨在全面了解教师的能力和专业发展情况。研究小学教师发展评价有助于提升教师的专业能力和教学质量,促进教师间的合作与共享,进一步推动教育的发展和提高整体教育水平。

(1)评价原理。小学教师发展的评价应采用全面性、发展性和多元化的评价方法,以科学、客观和激励性为基础,确保评价过程透明、参与度高,并针对个体需求进行定制,旨在促进教师持续专业成长和提升教学质量。全面性是指考虑教师的知识、技能、态度等多个方面,而不仅局限于某一单一维度。发展性不仅是为了认定现状,更重要的是促进教师持续专业成长和改进教学实践。多元性强调评价的多样化,包括自我评价、同行评价、学生评价、家长评价和管理员评价等。在教师发展评价中,应建立一个合理、公正且高效的教师发展评价体系,从而促进小学教师专业素养的提升和教育教学质量的持续改进。

(2)评价的方法。评价小学教师发展需要基于能力标准,采用多元化的评价方法,提供反馈和指导,进行长期跟踪评价,并强调合作与共享的理念。这样可以促进教师的专业成长和提高整体教学质量。小学教师发展具体的评价方法包括基于能力标准的评价、多元化的评价方法、反馈和指导、长期跟踪评价以及合作与共享。评价应基于明确的教师能力标准,通过观察课堂教学、听取学生和家长的反馈、进行教学案例分析等多种评价方法,全面了解教师的发展情况。

评价不仅是对教师的总结和判断,还应提供具体的反馈和指导,帮助教师发现自身的优势和改进的方向。评价应该是一个长期的过程,通过定期的评价和跟踪,及时发现教师的进步和问题,并提供相应的支持和培训。同时,评价结果也可以与其他教师进行分享,促进经验的交流和借鉴。这样可以促进教师的专业成长和整体教学质量的提升。

六、已有研究述评

国内外对小学教师发展的研究构成了一个广泛而复杂的跨学科领域，该领域关注从预备教师的培养、初入职场的适应，到在职教师的专业进修和高级技能提升等各个环节。它包含教育心理学、课程与教学论、教师教育政策等多种学科视角，并探讨教师知识体系、教学方法、评价机制、教师身份认同以及教育技术的运用等方面。该研究领域致力于揭示影响教师成长的因素，优化教师培训和发展计划，旨在支持小学教师实现从新手到专家的转变，最终促进教师职业生涯的全面和持续发展。

（1）根据国外现有研究，小学教师发展的关键因素包括教师个人特征、学校环境、教育政策和社会文化背景等。研究者普遍认为，持续专业发展（Continuing Professional Development，CPD）对教师能力的增长至关重要，并且采用工作坊、在线课程、同伴学习、学术研究和校际合作等方式最为有效。此外，研究还探讨了不同的教师发展模式和策略，并提出了未来研究的方向。值得注意的是，比较不同国家的教师发展路径、政策和做法，可以为全球范围内的教师职业发展提供多样化的视角。这种比较研究有助于我们从不同文化和教育背景中汲取经验，以促进小学教师的专业成长和教育质量的提升。

（2）根据国内现有研究，我国的研究主要关注教师资格考试、认证标准以及入职前后教师应达到的基本素质和能力水平。小学教师的发展面临着多重挑战，其中包括教师培训不足、教育资源分配不平衡等问题，同时需要综合考虑个人、学校和社会等多个层面的因素。针对城乡差异，许多研究集中在农村教师的专业成长上，特别关注他们所面临的挑战和支持系统。随着课程改革的深入，研究也关注教师如何适应新的教学要求，如何更新知识和技能，以及如何转变教师角色。在"双减"政策背景下，建立一个公正、全面且有效的教师评价体系也成为广泛研究的焦点。这些研究为我们了解和改善小学教师发展提供了重要的参考和指导。

无论是国内还是国外的研究都表明，教师发展涉及多个领域，是一个复杂的过程。首先，针对专业发展，许多教育机构正通过专业培训、工作坊和课程提升教师的教育技能，斯坦福大学的一项研究显示，定期进行以教师为中心的专业发展可以显著提高教学质量。其次，技术整合也是当前研究的焦点，研究人员正探索如何将新科技，例如远程教学、游戏化学习等新型教学方式融入实际教学中。此外，教师的心理健康和应对压力的能力也直接影响教学质量，因此近年来的研究更侧重于如何增强教师的心理素质和抗压能力。在多元文化背景下，教师需要展现出更强的文化敏感性和包容性，这将有助于他们更好地理解和教导来自不同背景的学生。最后，随着社会的变化，课程改革成为必要，当前的研究正在寻找在保持核心教学目标的同时，灵活调整和改进课程设计的方法。总的来说，需要政策制定者、教育管理者和教师个人共同参与，以确保教师能够获得必要的资源、支持和机会，不断提高其教学效果，满足教育不断变化的需求。

第三节　小学教师发展的未来构想

在高质量教师队伍建设和教育数字化战略的双重驱动下，小学教师发展将聚焦于培养具有深厚教育理论基础和强大实践能力的教师。同时，要求他们精通数字技术，并能够利用数据分析优化教学。教师将更加注重终身学习，采取以学习者为中心的教学方法，并在全球化背景下培育学生的国际视野与竞争力。

一、小学教师发展的理论框架

校本研修是学校教师专业成长的土壤，是实现教师专业化成长的基本途径，学校发展必须走以校为本的探索、研修之路。因此，学校管理者应以校本研修来引领教师队伍的专业发展，以"自主研修、同伴互助、专家引领、网络支持"为核心，建立小学教师发展的理论框架。这一框架旨在发挥教师的主体性和自主性，同时注重教师之间的合作与互助，以及专家的指导和网络的支持，促进小学教师的专业发展和教学质量的提升。

（1）自主研修：自主研修是指教师根据自身需求和兴趣，自主选择学习内容和学习方式。教师可以根据自己的教学实践和发展需求，选择适合自己的研修课程、培训活动和阅读材料，以提升自己的专业能力和教学水平。

（2）同伴互助：同伴互助是指教师之间相互合作、交流和支持的过程。在校本研修中，教师可以通过与同事分享经验、交流教学方法和教育资源，共同探讨和解决教学中的问题。同伴互助可以促进教师之间的学习和成长，激发创新思维和教学实践的改进。

（3）专家引领：专家引领是指由专业领域的专家或有经验的教师担任指导者的角色，为教师提供专业指导和支持。专家可以通过组织研讨会、讲座、指导教学观摩等方式，引导教师进行深入的专业学习和研究，帮助教师解决教学中的难题，提升教学质量。

（4）网络支持：网络支持是指利用互联网和信息技术为教师提供学习资源和交流平台。通过网络，教师可以获取各种教育资源、教学案例和最新的教育研究成果，与其他教师进行在线交流和合作。网络支持可以打破时空限制，促进教师间的跨校、跨区域合作与学习。

校本研修能够满足教师个性化的学习需求，促进教师间的合作与交流，提供实践机会和反思空间，增强教师的职业认同感和满意度。通过校本研修，小学教师能够不断提升自己的专业能力和教学水平，为学生提供更好的教育服务。

二、小学教师发展的实践样态

小学教师发展应在办学理念的引领下，得到管理辅助、数字赋能和评价促进的支持，以不断提升教学水平和专业能力，为学生的全面发展和未来的成长奠定坚实基础。

（1）理念引领。办学理念是学校在开展教育活动时所持有的核心信念、价值观和长期追求的教育目标。学校的办学理念为教师提供了明确的方向和目标，激发了他们的工作热情和动力，促进了教师的专业成长和进步。首先，办学理念鼓励教师积极参与教育创新，推动教育教学的改革和发展。通过参与教研活动、研究课题、教学设计等方式，教师不断提升自己的教学能力和专业水平。其次，办学理念强调教师的专业发展和成长，并提供相应的培训和支持措施。通过各类教师培训、研讨会和交流活动，教师能够更新知识、提升技能，并与其他教师进行经验分享和互相学习。最后，办学理念还包括对教育的价值观念和目标的明确定义，帮助教师树立正确的教育观念，注重培养学生的综合素质和道德品质。

（2）管理辅助。学校管理是小学教师发展的重要支撑。首先，学校管理可以提供良好的工作环境和资源支持，为教师的专业发展创造条件。学校应建立健全的教师培训机制，组织各类专业培训和研修活动，为教师提供学习和成长的机会。其次，学校管理可以激发教师的潜能和创新能力。通过鼓励教师参与教研活动、开展课题研究和教学改革实践，学校管理可以激发教师的创新思维和教学实践的改进。此外，学校管理还应建立有效的评价和反馈机制，及时给予教师专业发展的指导和支持。通过定期的教学观摩、评课交流和个别指导，学校管理可以帮助教师发现自身的优势和不足，并提供相应的培训和支持措施。总之，学校管理在为小学教师发展赋能方面扮演着重要角色，通过提供资源支持、激发潜能和提供评价反馈，帮助教师不断提升专业能力和教学水平。

（3）数字赋能。教育数字化为小学教师的发展提供了广阔的空间和机会，赋能教师更好地开展教学工作，提高教学效果。首先，教育数字化为教师提供了丰富的教学资源和工具。通过数字化平台和应用程序，教师可以轻松获取各种教学资源，如教学课件、教学视频、在线图书等，丰富了教学内容和方法。其次，教育数字化提供了个性化教学的可能性。教师可以利用数字化工具进行学生的学习评估和数据分析，了解学生的学习情况和需求，从而进行个性化的教学设计和指导。此外，教育数字化还为教师提供了在线教学和远程教育的机会。教师可以通过网络平台与学生进行互动和交流，开展在线课堂和远程教学，突破时空限制，拓宽教学范围。最后，教育数字化促进了教师的专业发展和学习共同体的建立。教师可以通过在线教研、教学分享和社交媒体等方式，与其他教师进行经验交流和互相学习，形成学习共同体，不断提升自己的教学能力和专业水平。

（4）评价促进。教师评价是促进小学教师发展的重要手段和工具，可以帮助教师提升教学能力、促进专业成长，并推动教师间的交流与合作。首先，教师评价可以帮助教师了解自己的教学效果和专业发展需求。通过评价过程中的观察、记录和反馈，教师可以获得客观的反馈信息，了解自己的教学优势和不足之处，从而有针对性地进行自我反思和改进。其次，教师评价可以促进教师的专业成长和学习。评价结果可以为教师提供发展方向和目标，激发教师的学习动力，推动其参与专业培训和学习活动，提升教学能力和专业水平。此外，教师评价还可以促进教师之间的交流与合作。通过评价结果的分享和讨论，教师可以相互借鉴经验，共同探讨教学问题，形成学习共同体，促进教师间的互动和合作。最后，教师评价可以提高教师的职业满意度和自我认同感。当教师感受到自己的工作得到认可和重视时，他们会更加积极地投入教学工作，提高教学质量，同时也会对自己的职业选择和发展感到满意和自豪。

第二章　小学教师发展的多维需求

　　为促进小学教师的专业发展，建设高素质的小学教师队伍，教育部于2012年2月10日根据《中华人民共和国教师法》和《中华人民共和国义务教育法》，发布了《小学教师专业标准(试行)》的通知（以下简称《专业标准》）。该标准从三个维度、十三个领域、六十项要求对教师专业发展做出指导。小学应将《专业标准》作为教师管理的重要依据，制定小学教师专业发展规划，注重教师职业理想与职业道德教育，增强教师育人的责任感与使命感；开展校本研修，促进教师专业发展；完善教师岗位职责和考核评价制度，健全小学绩效管理机制。小学教师应将《专业标准》作为自身专业发展的基本依据，制定自我专业发展规划，爱岗敬业，增强专业发展自觉性；大胆开展教育教学实践，不断创新；积极进行自我评价，主动参加教师培训和自主研修，逐步提升专业发展水平。

第一节 理论学研：提升自身内在素养

一、基本理念

（一）师德为先

热爱小学教育事业，具有职业理想，践行社会主义核心价值体系，履行教师职业道德规范，依法执教。关爱小学生，尊重小学生人格，富有爱心、责任心、耐心和细心；为人师表，教书育人，自尊自律，做小学生健康成长的指导者和引路人。

（二）学生为本

尊重小学生权益，以小学生为主体，充分调动和发挥小学生的主动性；遵循小学生身心发展特点和教育教学规律，提供适合的教育，促进小学生生动活泼学习、健康快乐成长。

（三）能力为重

将学科知识、教育理论与教育实践有机结合，突出教书育人实践能力；研究小学生，遵循小学生成长规律，提升教育教学专业化水平；坚持实践、反思、再实践、再反思，不断提高专业能力。

（四）终身学习

学习先进小学教育理论，了解国内外小学教育改革与发展的经验和做法；优化知识结构，提高文化素养；具有终身学习与持续发展的意识和能力，做终身学习的典范。

二、基本内容

专业理念与师德

（一）职业理解与认识

（1）贯彻党和国家教育方针政策，遵守教育法律法规。

（2）理解小学教育工作的意义，热爱小学教育事业，具有职业理想和敬业精神。

（3）认同小学教师的专业性和独特性，注重自身专业发展。

（4）具有良好职业道德修养，为人师表。

（5）具有团队合作精神，积极开展协作与交流。

（二）对小学生的态度与行为

（1）关爱小学生，重视小学生身心健康，将保护小学生生命安全放在首位。

（2）尊重小学生独立人格，维护小学生合法权益，平等对待每一位小学生。不讽刺、挖苦、歧视小学生，不体罚或变相体罚小学生。

（3）信任小学生，尊重个体差异，主动了解和满足有益于小学生身心发展的不同需求。

（4）积极创造条件，让小学生拥有快乐的学校生活。

（三）教育教学的态度与行为

（1）树立育人为本、德育为先的理念，将小学生的知识学习、能力发展与品德养成相结合，重视小学生全面发展。

（2）尊重教育规律和小学生身心发展规律，为每一个小学生提供适合的教育。

（3）引导小学生体验学习乐趣，保护小学生的求知欲和好奇心，培

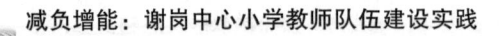

养小学生的广泛兴趣、动手能力和探究精神。

（4）引导小学生学会学习，养成良好学习习惯。

（5）尊重和发挥好少先队组织的教育引导作用。

（四）个人修养与行为

（1）富有爱心、责任心、耐心和细心。

（2）乐观向上、热情开朗、有亲和力。

（3）善于自我调节情绪，保持平和心态。

（4）勤于学习，不断进取。

（5）衣着整洁得体，语言规范健康，举止文明礼貌。

专业知识

（五）小学生发展知识

（1）了解关于小学生生存、发展和保护的有关法律法规及政策规定。

（2）了解不同年龄及有特殊需要的小学生身心发展特点和规律，掌握保护和促进小学生身心健康发展的策略与方法。

（3）了解不同年龄小学生学习的特点，掌握小学生良好行为习惯养成的知识。

（4）了解幼小和小初衔接阶段小学生的心理特点，掌握帮助小学生顺利过渡的方法。

（5）了解对小学生进行青春期和性健康教育的知识和方法。

（6）了解小学生安全防护的知识，掌握针对小学生可能出现的各种侵犯与伤害行为的预防与应对方法。

（六）学科知识

（1）适应小学综合性教学的要求，了解多学科知识。

（2）掌握所教学科知识体系、基本思想与方法。

（3）了解所教学科与社会实践、少先队活动的联系，了解与其他学科的联系。

（七）教育教学知识

（1）掌握小学教育教学基本理论。

（2）掌握小学生品行养成的特点和规律。

（3）掌握不同年龄小学生的认知规律和教育心理学的基本原理和方法。

（4）掌握所教学科的课程标准和教学知识。

（八）通识性知识

（1）具有相应的自然科学和人文社会科学知识。

（2）了解中国教育基本情况。

（3）具有相应的艺术欣赏与表现知识。

（4）具有适应教育内容、教学手段和方法现代化的信息技术知识。

专业能力

（九）教育教学设计

（1）合理制定小学生个体与集体的教育教学计划。

（2）合理利用教学资源，科学编写教学方案。

（3）合理设计主题鲜明、丰富多彩的班级和少先队活动。

（十）组织与实施

（1）建立良好的师生关系，帮助小学生建立良好的同伴关系。

（2）创设适宜的教学情境，根据小学生的反应及时调整教学活动。

（3）调动小学生学习积极性，结合小学生已有的知识和经验激发学习兴趣。

（4）发挥小学生主体性，灵活运用启发式、探究式、讨论式、参与式等教学方式。

（5）发挥好少先队组织生活、集体活动、信息传播等教育功能。

（6）将现代教育技术手段整合应用到教学中。

（7）较好使用口头语言、肢体语言与书面语言，使用普通话教学，规范书写钢笔字、粉笔字、毛笔字。

（8）妥善应对突发事件。

（9）鉴别小学生行为和思想动向，用科学的方法防止和有效矫正不良行为。

（十一）激励与评价

（1）对小学生日常表现进行观察与判断，发现和赏识每一位小学生的点滴进步。

（2）灵活使用多元评价方式，给予小学生恰当的评价和指导。

（3）引导小学生进行积极的自我评价。

（4）利用评价结果不断改进教育教学工作。

（十二）沟通与合作

（1）使用符合小学生特点的语言进行教育教学工作。

（2）善于倾听，和蔼可亲，与小学生进行有效沟通。

（3）与同事合作交流，分享经验和资源，共同发展。

（4）与家长进行有效沟通合作，共同促进小学生发展。

（5）协助小学与社区建立合作互助的良好关系。

（十三）反思与发展

（1）主动收集分析相关信息，不断进行反思，改进教育教学工作。

（2）针对教育教学工作中的现实需要与问题，进行探索和研究。

（3）制定专业发展规划，积极参加专业培训，不断提高自身专业素质。

三、实施建议

（一）各级教育行政部门要将《专业标准》作为小学教师队伍建设的基本依据

根据小学教育改革发展的需要，充分发挥《专业标准》引领和导向作用，深化教师教育改革，建立教师教育质量保障体系，不断提高小学教师培养培训质量。制定小学教师准入标准，严格把控小学教师入口关；制定小学教师聘任（聘用）、考核、退出等管理制度，保障教师合法权益，形成科学有效的小学教师队伍管理和督导机制。

（二）开展小学教师教育的院校要将《专业标准》作为小学教师培养培训的主要依据

重视小学教师职业特点，加强小学教育学科和专业建设。完善小学教师培养培训方案，科学设置教师教育课程，改革教育教学方式；重视小学教师职业道德教育，重视社会实践和教育实习；加强从事小学教师教育的师资队伍建设，建立科学的质量评价制度。

（三）小学要将《专业标准》作为教师管理的重要依据

制定小学教师专业发展规划，注重教师职业理想与职业道德教育，增强教师育人的责任感与使命感；开展校本研修，促进教师专业发展；完善教师岗位职责和考核评价制度，健全小学教师绩效管理机制。

（四）小学教师要将《专业标准》作为自身专业发展的基本依据

制定自我专业发展规划，爱岗敬业，增强专业发展自觉性；大胆开展教育教学实践，不断创新；积极进行自我评价，主动参加教师培训和自主研修，逐步提升专业发展水平。

著名的教育家陶行知先生曾说过："学高为师，德高为范。"作为一名光荣的人民教师，不仅需具备广博的知识，更需拥有高尚的道德。教师如何提升自身的职业素养呢？有人言："要人敬的必先自敬，重师重在自重。"教师必须时刻谨记：自己是一名人民的教师，肩负着祖国的未来和学生的命运。必须努力提高自己的思想道德水准、理论修养和学术水平。教师欲实现这些目标，可以从以下几方面着手，并一定能够成为一名优秀的教师。

1. 从思想上，热爱教育，献身事业

热爱教育事业是教师最为重要的美德，教师对教育工作应具有"鞠躬尽瘁，死而后已"的决心，将自己毕生的精力奉献给教育事业，不计名利、乐于献身，有所作为。只有对教育事业注入深厚的感情，才能全身心地投入到事关民族、国家兴旺的崇高的教育事业中，兢兢业业，知难而上，才能真正做到以教为荣，以苦为乐。

2. 从认识上，热爱学生，诲人不倦

苏联教育家苏霍姆林斯基将教师热爱学生视为"教育的奥秘"，他的座右铭是"把整个心灵献给孩子们"。马卡连柯也说过："爱是教育的基础，没有爱就没有教育。"一个教师如果仅热爱教育，那么他只能是一个好教师，一个教师如果将热爱事业和热爱学生相结合，他便是一个完善的教师。由此可见，热爱学生也是师德修养的重要内容之一。在学生心目中，教师是社会的规范、道德的化身、人类的楷模、父母的替身。他们把师德高尚的教师作为学习的榜样，模仿其态度、情趣品行，乃至行为举止、板书笔迹等。而师爱则是师德的灵魂。

3. 从行为上，以身作则，为人师表

教师的言行对学生的思想、行为和品德具有潜移默化的影响，它是一种重要的教育力量。孔子说过："其身正，不令而行，其身不正，虽令不从。"这说明凡是教师要求学生做到的，自己首先应该做到；凡是要求学生不能做的，自己先坚决不做。时时处处为学生榜样，事事件件做大家表率，在工作、为人上严于律己，以身作则，这样才能达到为人师表的目的，才能在学生中树立威信，才能使学生口服心服。

4. 从态度上，好学不倦，积极进取

现在的学生，身处在知识大"爆炸"的时代，他们获取知识、信息的渠道众多，他们从教师那里获取的知识只是众多渠道之一，他们原先对老师仰视的态度也已有所改变。因此，教师必须在业务上力求长进，努力跑在学生前头，给学生"一碗水"自己首先有"一桶水"。不断地学习，做到"活到老，学到老"，不断地获取知识，提高自身的才干、能力，不断完善自身，勇于开拓。在不断完善自己的基础上，把学生教育为有知识、有才干的"一代新人"，引导他们不断前进。

总之，作为一名人民教师，应从思想上严格要求自己，在行动上提高自己的工作责任心，树立一切为学生服务的理念。提高自己的钻研精神，发挥敢于与一切困难做斗争的思想和作风。刻苦钻研业务知识，做到政治、业务两过硬。用一片赤诚之心培育学生，以高尚的人格魅力影响学生，以崇高的师德塑造学生。只有不断提高教师自身的素养，才能培养出明礼、诚信、自尊、自爱、自信和有创新精神的高素质人才。

第二节　课堂教学：催生双馨教学风格

古人云："学高为师，身正为范；学为人师，行为世范。"又云："其身正，不令而行；其身不正，虽令不从。"教师的人格是教育的基石。作为教师，我们不仅需具备丰富的专业知识和娴熟的专业技能，更需具备高尚的人格。蓬生麻中，不扶而直，入芝兰之室，其袂也芳。教师的公正、无私、善良、正直、奉献和敬业能给学生以潜移默化的影响，这种影响不仅有利于教师赢得学生的信赖和尊敬，更有利于激励他们对真、善、美的追求，形成健全人格。苏联教育家苏霍姆林斯基说："请你记住，你不仅是自己学科的教员，而且是学生的教育者、生活的导师和道德的引路人。"很难想象一个自私自利、言行不一、人格卑微的人如何能成为学生的教育者、导师和引路人？师德和艺德是教师的双重标准，要成为一名优秀教师，必须是师德和艺德都过硬的人。德即师德（教学态度），艺即艺德（教学能力、育人能力），作为教师首先要有师德，也就是不能缺德，不能缺了做一个教师最起码的道德。其次便是艺德，本领和道德结合在一起的艺德。德艺双馨是人民对教师的要求，更是人民对教师的期盼。因此，我们要以德修身，立德育人，在师德中见艺德，在艺德中见师德，并通过教学实践将二者体现出来。

一、关爱学生，平等对待

学校的每一位学生都是家长的宝贝，学校也应将学生当成宝，把自己当成学生的家长和长辈，喜爱每一位学生。有了这样一种心态，就能关爱每一位学生。"没有爱心，就没有教育。"对学生要像对待自己的孩子一样关爱，要宽容，要有耐心，这样才能体贴入微，把他们教育好。教育的生命在于爱心的传递，在于教与学的互动、情感的投入。作为教师，只要拥有一颗关爱学生的心，便能找到一把开启学生心灵的钥匙，感受到作为一名平凡教师的幸福，进而深刻体会到自己的人生价值。教师对教育生命的领悟应落实到实际行动，如果上课时只是照本宣科，便没有体现出教育的生命，教师只有带着情感、爱心去授课，才能真正体现出教育的生命力。教与学的互动、启发，乃至教师在课堂上的提问、鼓励和鞭策，都可以从细节中体现出一种人文关怀、对学生的热爱。这就要求学校的教育要营造一种"大爱"，真正把每个学生都当作自己的孩子来关爱，既要教会他们学习、做事，更要教会他们明理、做人；既要在生活上关心、心理上关怀，更要敢于要求和管理学生，做到"关爱"和"严格"相统一。要尊重每一位学生，包括问题学生。学生之间，在先天的遗传因素和后天的发展程度上存在极大差异，其素质的不同方面的潜能也存在差异，教师应尊重这些差异，让学生根据自身先天条件和已获得的教育基础，自主调整、完善、发展自己。对待"后进生"，要热情地接纳，尊重他们的个性，主动与家长沟通，遵循因材施教的原则，帮他们制订详细可行的学习计划。同时，要不厌其烦地利用课余时间耐心辅导，讲一遍不会，就讲两遍，讲两遍不会，就讲三遍、四遍，直到他们真会真懂、赶上全班学生的学习步伐。教好每一个学生是教师的天职。教师要胸怀博大，容得下性格脾气各异、兴趣爱好不同的学生。

二、注重品行，全面发展

学校要把真诚的爱倾注在学生身上，关注其全面发展。教育的责任在于教化学生，通过教化激发和彰显人的本善，促使每位学生克服不足和惰性、成长成才，具备自由全面发展的能力，至少也要让每位学生都能上好学、拥有光明的前途，未来在社会上能立足，成为一个高素质的公民。

对待学生还要有一颗诚心，要与学生交心，要和他们交朋友，诚心诚意与他们交往，以身作则率先垂范。要求学生做到的自己首先做到，自己做错了要敢于承认错误。这样学生才能信任教师，尊其师信其道。例如，学校在班级公约中规定："卫生清扫我先干，不光分配学生干，而是把自己当成学生一样地干；要求学生不迟到，我做到每次活动守时参加。"学高为师，身正为范，教育学生热爱学校，感恩学校，时时处处要当表率，要言行一致，要求学生做到的，教师首先做到；要求学生不做的，教师坚决不做。只有诚心才能给学生带来信心。在人品上，教师应给予学生充分的信任，即便学生有过失，也应相信他们有改正过失、重新开始的能力。

尤其是对成绩较差的学生，应给予特别的关心与指导，及时发现他们身上的闪光点和微小的进步，给予鼓励，增强他们的自信心。

三、诲人不倦，耐心有成

无论是教育还是教学，缺乏耐心则一事无成，耐心是教师师德的重要标志。学生行为习惯的养成，一个小毛病的改正，知识的掌握，动作的完成，都需要教师的耐心。例如，学校制定了高效课堂行为习惯法和学习法，当上课注意力有流失现象时，教师会停课整顿，一次不行，两次，两次不行三次，允许学生有一个反复的过程。要把学生当成自己的孩子去呵护，不怕他们一时改不了、学不成。学生的反复可以磨炼教师的耐心。教师的教育不仅要教会学生知识、技能，更重要的是启迪学生心灵，唤醒学生的潜能。爱因斯坦说过"兴趣是最好的老师"，学校应当把被教育者的兴趣调动起来、启发出来，让他们自发去学习、去提高。然而，这离不开耐心。教师不仅要做一个有诗情画意的阳光教师，还要经常关注学生的心理情绪变化，及时解决学生的心理问题。孩子们身上最可贵之处是他们有着强烈的自尊、自信以及好奇心和创造欲，这是他们能够创新发展，形成独立人格，立足于今后激烈竞争的社会的最宝贵的财富。作为教师，要珍惜孩子们的这份财富，爱护它、尊重它、培养它，千万不能表现出不耐烦，以我们的好恶，扼杀学生的自尊、自信以及他们的创新精神。

四、学高为师，德艺双馨

教师要热爱自己所教授的学科，要将其视为自己的生命，注重教学的课前准备，力求把每一节课都做成精品课，让每节课都精致起来，让学生在知识的海洋里狂欢。要把每一节课都做成精品，核心在于导学案的设计和课堂驾驭操控能力。要达到一定的认知水平，非一日之功，它取决于日积月累的阅读和见识的提升。教师应不断调整知识结构，更新观念，吸取新知识，研究新问题，努力追踪本学科的前沿理论，并且将最新的理论成果运用到教学之中。"要给学生一碗水，教师必须要有一桶水"，这桶水还必须是活水。时时维护良好的课堂纪律，灵活应对课堂上的突发事情，营造良好的课堂氛围，引导学生积极主动地独学、互学、群学和评学，让每位学生踊跃投身于高效课堂中。每节课都要怀着好心情、充满激情，上课要有良好的教态，为人师表。授课应用普通话，语言正确清晰，板书简明扼要、有条理。严禁坐着授课。教师课前要督促学生预习教材，下发导学案，指导学生完成预习任务，并浏览学习所完成的预习题、掌握学生预习过程中出现的问题，及时调整教学策略。每节课上课都要带经备课组长认真审核的导学案进课堂授课，要以导学案及教学设计为主要依据授课，不要随意、盲目、不负责任地去对待课堂。一个优秀教师的评价标准，可谓仁者见仁，智者见智，但教好书、育好人，应是每位教师永恒不变的价值取向。在此基础上，教师应不断创新执教理念，与时俱进，确立切实可行的新标准，并付诸实践，那么，成为德艺双馨的优秀教师便指日可待了。

第三节 课程拓展：推动师生多元发展

课程是学校的主打产品，是落实国家课程方案、促进学生素质发展的主要载体，也是打造办学特色，形成学校品牌的主要载体。近年来，学校不断增强课程意识，积极探索课程建设的思路，提升课程实施水平，彰显了学校课程的效益。

一、构建多元课程体系

我校确立了教师发展"1+1+1"目标（即胜任一门学科教学＋胜任一

门拓展课+胜任一个兴趣班活动）和学生培养实现四个目标（一副好身体，养成良好习惯，掌握基础课程，拥有一手好才艺）。为实现这两个方面的目标，我们构建并逐步完善了学校多元化课程体系（如图2-1所示）。

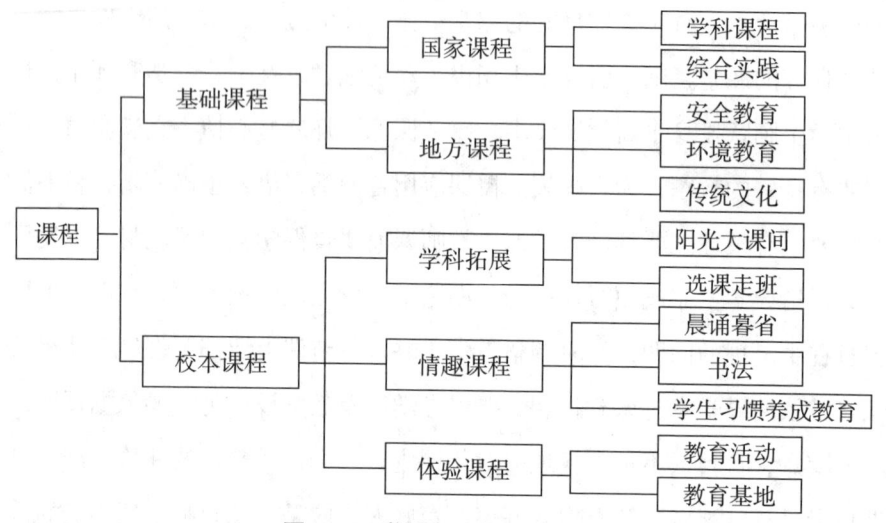

```
课程 ┬─ 基础课程 ┬─ 国家课程 ┬─ 学科课程
     │          │           └─ 综合实践
     │          └─ 地方课程 ┬─ 安全教育
     │                      ├─ 环境教育
     │                      └─ 传统文化
     └─ 校本课程 ┬─ 学科拓展 ┬─ 阳光大课间
                │           └─ 选课走班
                ├─ 情趣课程 ┬─ 晨诵暮省
                │           ├─ 书法
                │           └─ 学生习惯养成教育
                └─ 体验课程 ┬─ 教育活动
                            └─ 教育基地
```

图 2-1　学校多元化课程体系

二、提升课程实施水平

为确保顺利且有效地实现课程实施，学校制定了新课程理念学习制度，定期组织教师学习课程改革理论，进行校本培训，树立全新的教学理念，确保课程改革工作的正确导向。

（一）强化师资队伍、家长队伍建设，拓展培训空间

学校为每位教师建立了内容丰富的《教师专业成长档案夹》，及时收集、记录教学工作中的成果。以新课程改革培训和实施教师素质提升工程，提高教师课堂教学水平为重点，积极开展校本教研和校本培训，提高教师的专业素质。本学期，除了学科组常规教研活动外，每周一、三下午放学后集中学习一小时。本学期学习的重点内容包括2022版新课标研读、各

科课例解读、教师读书（学校统一为每位教师购买了《给教师的建议》《用服务的态度做教师》《改善学生课堂表现的50个方法》等书籍），做到定时间、定地点、定主持人、定学习内容，每次学习都有考勤、记录等材料，并计入学科组及教师考评。学校成立了家长委员会，并制定了相应的活动章程和方案，定期进行培训、定期开展活动。学校每学期召开两次家长会，通过家访、电话、飞信等方式加强与家长的沟通。

（二）加强条件改善，保障顺利实施

学校始终把改善办学条件摆在突出位置，积极采取有效措施，抓实抓好，形成育人环境的高品位。近年来，学校积极筹措资金进行校舍建设、内部设施配套和校舍维修改造。新建餐厅、教学楼，更换高标准的篮球架，增设校园广播系统和监控设备。对科学实验室及相应仪器室、图书室、阅览室、微机室、多媒体教室、电子阅览室进行改造和扩充，新添图书2万余册，增置各类仪器1800余件，各项规章制度上墙，确保各实验室和仪器室达到国家一类标准。实验仪器设备管理规范，利用率高，能满足教育教学的需要，师生满意度高。

学校充分发挥校内外基地的作用，为课程实施提供坚实保障。如教室内设立生物角、学习园地、习字榜等，让墙壁"说话"，让文字"传情"。本学期积极与齐鲁晚报、鲁北晨报联系，成立小记者站，并定期开展各项活动（培训、外出采风、参观考察等）。

（三）积极搭建活动平台，师生在活动中提炼课程

为促进师生的健康成长，学校举办了丰富多彩的活动，如"感恩励志中国行"演讲活动、六一儿童节游园活动、教学开放日、同课异构、体育节、爱心义卖等，让师生的激情在活动中尽情释放。

学校同时规范开展常规教育和主题教育，利用重大节日开展爱国、爱

家乡、安全、道德法制等主题活动，有效落实素质教育目标，促进课程目标的顺利实施。

（四）高效课堂为课程实施保驾护航

以生为本进行课堂改革，学校"探究式"课堂教学模式"创设情景、激活思维—自主探究、构建新知—汇报交流、体验成功—分层练习、拓展提高"已经探索多年，本学期结合不同学科特点，分配四分之一环节让教师进行前期使用分析和未来发展方向的研究，丰富各环节内容，从而形成品牌效应，同时坚持有模而不唯，实现百花齐放。要求教师课后及时反思，使每位教师的课堂教学走向生本化，真正让学生成为课堂的主人，从而提高育人质量，实现教师由教学向助学的转变。

（五）以评价促规范、求提高

1. 我校严格执行"双减"政策

不参加未经市级以上教育行政部门批准的各种考试、联考和其他竞赛、考级等活动。命题体现课程标准要求，密切联系实际，侧重考查学生的能力，重视考查学生的创新精神和创造能力，控制机械记忆性题目的比例。

学业成绩评价采用日常评价和期末阶段性评价相结合的方法，成绩实行等级制。日常评价侧重对学生学习兴趣、学习态度、学习热情、学习方法、注意力等方面的评价。着重评价学生学习过程中的表现、学习方法的运用、学科能力的发展等方面。学校与班级不公布学生的考试成绩，不按学业成绩排列学生名次，不以考试成绩或升学率作为评价和奖惩师生的主要标准。为每位学生建立《学生成长档案袋》，及时收集、保存学生成长的点滴。

2. 努力实施小学生"星级"素质评价方案

为了使各科教师及时了解学生的发展情况，不断发现问题，总结经验，改进教学，提升教育教学质量，同时也为了让每个学生了解自己，改掉缺点，发扬优点，学校出台了《小学生素质评价方案》，对学生实行"五星制五等级"加评语的改革。

这一评价方式分为形成性评价和阶段性评价两大部分。内容包括：形成性评价（作业、单元测试、课堂表现）和阶段性评价（素质抽测和实践检测）。参与评价的不仅有教师，还有家长、同学和自己，从而实现了评价内容全面，方式多样，主体多元，促进了学生综合素质的发展。通过对评价内容以及学生的闪光之处，均以档案袋形式让学生收集，从而使学生、家长清晰地看到其成长的足迹。

第四节 班级治理：凝聚特色共进力量

班级作为学校进行思想政治课程教育的重要场所，其治理对素质教育具有深远影响。班级治理所包含的内容十分广泛，包括我国的传统文化、社会主义核心价值观及生活自我信念等。其主要目的在于规范和引导学生行为，塑造学生性格，培养学生情操，以及指导、教育、鼓励、激励学生。

一、"专业—习惯—沟通—情怀"的多元链接

（一）强化专业知识，助力学生成长

作为一名教师，须通过多种渠道深入学习和研究班级的管理工作，并承担起班级工作的组织者、参与者和管理者的角色，以促进学生全面、健康发展。教师的管理水平对学生德智体美劳全面发展及教育教学各项任务的圆满完成至关重要。积极参与班主任工作方面的学习成为我校教师的首要任务，通过参与名班主任工作室培训、校本培训、校外培训及通过网络研修，提升班主任专业知识。

（二）培养文明礼仪，养成良好习惯

班级治理还需培养学生良好的学习习惯和文明礼仪，激发学生自我成长欲望，提升个人自主成长能力，以目标驱动班级共生，深入挖掘成长动力，最终实现班级的蓬勃发展。（如图2-2所示）

十大良好习惯思维导图：

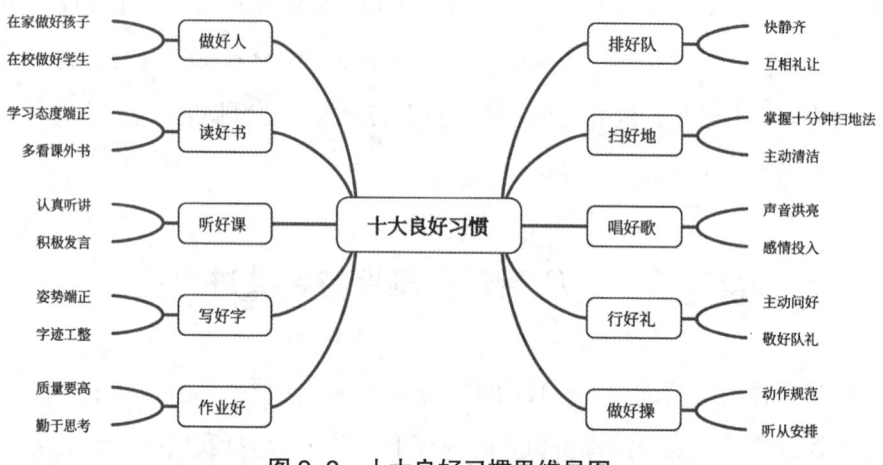

- 做好人：在家做好孩子，在校做好学生
- 读好书：学习态度端正，多看课外书
- 听好课：认真听讲，积极发言
- 写好字：姿势端正，字迹工整
- 作业好：质量要高，勤于思考
- 排好队：快静齐，互相礼让
- 扫好地：掌握十分钟扫地法，主动清洁
- 唱好歌：声音洪亮，感情投入
- 行好礼：主动问好，敬好队礼
- 做好操：动作规范，听从安排

图2-2 十大良好习惯思维导图

（三）善于发现优点，巧用沟通艺术

每个学生，包括后进生，都具有强烈的自尊心。因此，教师在进行批评教育时必须把握尺度，讲究沟通艺术。教师沟通时需运用智慧，要善于发现学生的闪光点。人们都喜欢那些对自己表示喜欢、奖励和赞扬的人，而非开口就是批评或指责的人。与学生谈话时，教师应先抑后扬，学生意识到自己犯了错会紧张、害怕，当教师耐心劝导时，学生心情会变得明朗，内心自然慢慢打开，接受教师的建议。

通过巧妙的沟通，让学生从抗拒到逐渐接受。沟通的智慧需要通过积累教学的经验，不断地进行反思和研究。只有这样，教师在处理关系时才能游刃有余。

（四）树立个人魅力，情怀感染学生

班主任是班级的组织者和管理者，其角色对创建良好的班集体至关重要，因为班主任的言行直接影响着学生乃至整个班集体的行为，在学生面前，教师就是一面镜子。因此，要创建良好的班级，班主任首先需规范自身的言行，树立良好的形象，用个人魅力吸引学生。为人师表，应严格要求自己，做一面明镜，提升自己的文化和道德修养，以情怀感染学生。为此，教师应积极参与各种各样的教研和文艺活动，努力突破自己，把自己打造成德智体美劳全面发展的"四有老师"。

二、撬动学生心灵支点，打造优秀班级文化建设

"随风潜入夜，润物细无声"这句诗蕴含着无形的育人力量，教师应用浓厚的班级文化氛围去浸染每一位学子的心灵，用承载大家共同愿景的班级精神去促进学习、鼓舞人心，用蕴含温情的制度文化为学生保驾护航，用五彩缤纷的班级文化活动陶冶学子的情操。

（一）理念文化——构建班级精神家园

苏霍姆林斯基说过："只有创设一种好的育人环境，教育才能达到自己期望的目标。"[1]因此，在建设班级文化时，我校特别重视"凸显班级特色，展示班级风貌"的班级文明建设。一个具有健康向上、积极进取精神的人，无论身处何地，都能传递正能量，产生强烈而有力的人格磁场。一个班集体的发展，正需要这种班级精神。这种精神是班集体发展的共同愿望，是团队的核心理念，更是班集体的灵魂。它是我校班级建设的核心力量，能够引领班级主流风气，促成良好的班级风貌。因此，班主任带领一支新的班集体时，总会引导学生开展一系列的活动，以酝酿、培养、缔造、

---

[1] 苏霍姆林斯基. 苏霍姆林斯基选集［M］. 北京：教育科学出版社，2001.

内化和唱响我们的新班集体精神。

1. 畅想班级愿望，酝酿班级精神

每当教师与新生初次见面时，我校总会精心策划一场温馨的"相见会"。在学生报到期间，我校会在黑板上写下"相逢是缘""欢迎你的到来"等温馨话语，并配以丰富多彩的图案。教室内还会播放轻柔的音乐和温馨的画面，营造出一种充满温情的氛围，在这样的环境中，每个学生的眼神都洋溢着期待，心中流淌着感动。

学校教师会引导学生畅谈班级愿望，鼓励他们各抒己见。将学生们提及的关键词记录在黑板上：和睦友善、团结一致、积极进取、荣辱与共、活动丰富、顽强拼搏、品质高尚等。

2. 开展班级命名，提炼班级精神

学校向全班学生开放创意征集，通过班会课上的热烈讨论，学生们你一言我一语，讨论氛围十分激烈。给班级命名的过程，实际上是进一步提炼班级精神的过程，同时也是激励学生发挥聪明才智，激发他们参与班级管理热情的过程。

3. 捕捉阅读剪影，升华班级精神

我校举办多姿多彩的阅读活动，旨在培养学生爱上读书、快乐读书的良好习惯。如开展好书介绍活动、"同读一本书"、阅读交流会、诗歌朗诵会、每周故事会、制作读书阅读卡、绘制思维导图等。这些活动旨在让读书意识深入到每个学生心中，潜移默化地让他们明白要成为有理想、有目标的好少年。通过畅游书海，学生们能够找到学习的乐趣，探索学习的方法，树立学习的自信心。

（二）制度文化——传递温馨人文关怀

正所谓："没有规矩，不成方圆。"建立并严格执行一套合理的规章制度，对培养小学生良好的行为习惯，确保学校班级工作的顺利进行，提升班集体管理水平，增强班集体的凝聚力和战斗力，圆满完成各项教学任务，推动学校优秀班集体的建设与发扬，具有极其重要的意义。

制度与社会主义文化是班级文化建设的核心内容之一，通过制度治理班级，有助于培养学生的规则意识，为未来社会培育具有强烈规则意识的好公民。为了提高制度的接受度，增强学生对制度的心理认同感，我们首先在命名上赋予制度温馨可爱的特质。

1. 抓好主力班干部队伍建设，增强班级的凝聚力

主力班干部是班级的中流砥柱，是教师与学生之间沟通的重要桥梁和纽带。教师应在班级中慎重选拔和培养重要班干部，实行班干部自主竞选，承担责任。通过班干部这个小集体形成公正、健康的社会舆论，并推动对整个班集体的评价制度，从而增强班级的凝聚力。

2. 设置一人一岗，人人都是班级小管家

过多的干涉反而限制了学生的锻炼机会，久而久之可能导致依赖和懒惰思想的形成。因此，教师应将学生安排到具体的岗位上，一人一岗，责任到人。即使是成绩较差的学生也能获得"一官半职"，在管理中建立自信。通过让学生自我管理，互相监督，在积分赛中你追我赶，争做班集体的主人。

（三）活动文化——拓展梦想翱翔蓝天

班级活动能够激发孩子们的思想情感和智力活力；班级活动能够成就孩子们的梦想；班级活动能够抒写班级的成长传奇！做好班级活动文化，助力孩子们圆梦。

习近平总书记强调，要促进联合教育、开放教育、全程育人。通过举办形式多样的课外活动，以培养学生优秀的思想品德和良好的行为习惯。活动是班级教育重要的育人途径之一，是将学生的道德认知转化为道德行为的重要机制。学生在活动中不仅可以受到道德的浸润，还能得到诸多能

力和品质的培养。因此,在日常的班级管理中,教师应特别注重巧妙地将教育因子融入活动之中,对学生不留痕迹地施加影响。

1.丰富主题活动

为丰富班集体生活,培养学生奋发向上、勇于创新的可贵精神,教师应坚持以活动促教,通过每年举办例行的主题班会、班级新年联欢会、爱国教育班会、感恩父母活动、劳动实践活动、寻找美丽校园的春天、垃圾分类我能行活动、手工制作活动、歌唱展播、书画作品展览等一系列的活动,让每位学生在实践中得到锻炼,在开放环境中获取能量。每年还以少先队为主体,精心设计并举办各种多姿多彩的班队活动。这些活动的开展,充分吸纳每个学生的聪明才智,也很好地强化了学生们创新创造、发奋图强的意识,进而使整个班级建设始终正气充盈、健康向上。

2.创新活动送祝福

班级开展每月一次的生日送祝福活动,为孩子们送上生日祝福,并准备一份生日小礼物。看似简单的活动,却能唤醒孩子们的内驱力,不自信的变得自信,自卑的变得自强,自私的变得为他人着想,一个个变得激情上进,才华横溢。

第五节 家校协作:构建共育共进关系

苏霍姆林斯基说:"儿童只有在这样的条件下才能实现和谐的全面发展,即两个教育者——学校和家庭,不仅要一致行动,向儿童提出同样的要求;而且要志同道合,抱着一致的信念,始终从同样的原则出发,无论在教育目的上、过程上还是手段上,都不要发生分歧。"[1]家庭和学校的

---

[1] 苏霍姆林斯基. 苏霍姆林斯基选集[M]. 北京:教育科学出版社,2001.

合作，能够为学生营造良好的成长氛围，促进其健康成长，这不仅体现在学习成绩的优异上，还体现在促进学生健全的人格发展、提高学习的积极性、陶冶高尚的情操、锻炼良好的意志品质等方面，并使学生的成长问题防患于未然。

一、双向交流，加强对沟通平台的有效利用和运营

（一）采取多种信息交流手段，保持家校信息通畅

当前环境下，许多家长因工作繁忙，鲜有机会参与小学文化活动。鉴于此，应有效利用现有的信息互联网环境来构建沟通渠道，开展线上和线下的交流沟通工作，如利用 QQ 群、微信管理群、儿童成长空间网站等社交媒体，并加强对这些沟通平台的有效利用和运营。

在开学之初，通过网络、电话拜访、家访等多种形式联络学生家长，并发送喜报。将学生平时的情况，如有趣的发言、竞赛的结果、好人好事、学习成绩的点滴进步等，均以喜报的形式向家长汇报。

（二）成立"班级家长委员会"，完善家庭交流制度

成立"班级家长委员会"，鼓励家委会邀请协同开展班级的各项工作。定期召开线上和线下家长会，必要时家长到学校面谈沟通。不定期进行家访活动，进一步了解学生家庭等情况，加强家校沟通。协同育人，健全家校沟通机制，搭建社会育人平台，促进学生健康成长。

同时，开展多种亲子活动，让孩子们在与家长的相处中，敢于表达自己的想法，增进学生与家长之间的和谐关系。此外，教师还应充分利用社会资源，积极搭建社会育人平台，通过多种途径培养学生的自信心，鼓励他们勇敢地走出去。

二、双向学习，推动家庭教学和实践理论的全面化

家庭教育与学校教育的合作，是家长与教师相互学习、相互交流、相互教育的过程。家校合作可以促进家长与教师的深入学习，接受相互监督。

在小学家校共育活动的开展过程中，教师在掌握基本教学理论的同时，往往缺乏与之相匹配的实践能力，导致与家长之间沟通的效率低下，互动过于被动。同时，家长由于自身学历水平的限制、缺乏理论学习的渠道等，导致家庭教育缺乏专业性，一味地沿袭传统家庭错误的教学方式。因此，教师应坚持初心，不断学习，提升自身在家庭教育层面的专业素养，并通过与家长之间的合作，实现对家长的理论教育，共同学习。

三、双向指导，提升家长的家庭教育理念

家校合作的基础是理念，家长和学校只有提升对家庭教育重要性的认识，才能在实际的家庭协作中更好地带动和促进家庭的发展。就目前学校实际情况来看，能帮助家长更好地对症下药。学校已逐步加强对家庭教师的指导，并扩大培训队伍。但家庭方面，还需以多种形式对家长进行家庭教育指导。因此，教师应利用不同的途径和渠道与家长进行交流沟通。例如，面对面座谈会指导、开办"家长学校"指导，以及特殊家庭教育的特殊指导等。

首先，家校教育计划可以从以下几个方面入手：①分阶段开展父母家庭教育座谈会，共商教育学生良方。一学期包含两个阶段，有规划，有教学内容，有考评。例如，每年新生入学之前，开设新生的家庭教育培训班，明确如何做好孩子入学的准备工作，以及如何帮助孩子培养良好的学习习惯。期末前后，举办家长知识讲座，交流如何帮助孩子复习，关心孩子的心理健康。②积极推进学习型家庭的建立实践活动，评出榜样学习型家庭

和合格（优秀）学习型家庭。③家访。班主任坚持至少每学年对每位学生进行上门家访。④把父母请进来。邀请家长进课堂旁听，邀请父母与子女一起参加学校、班级的各项活动。⑤针对班级里的一些特殊学生，进行个案研究，增强自身的教育知识。

其次，班主任要提高指导家庭教育的能力，可以通过以下几种方法实现。

1. 个案指导法

针对一些父母和学生因意见分歧而引发矛盾的情况，教师可以通过介入学生家庭，以服务为宗旨，以朋友的平等身份与家长进行沟通，并与学生进行沟通，充分倾听各自的"叙述"，并给出合理建议。通过这些典型案例的实践，班主任可以熟悉对这些父母实施家教工作的方针、策略和方法。

2. 自我反省教学法

班主任梳理在与家长沟通中达成和谐以及引发冲突的案例，加以分析对比，反思成败缘故，并通过对家长的激励引导，调整行为策略，创设"再沟通"方案，并予以实施。经过自我反思、同伴互助、团体治疗，班主任与班主任之间建立了积极的伙伴关系，形成了互相交流经验、互相切磋体会的教研队伍。班主任在与同伴互动中共同分享成功经验，相互学习，彼此支持，共同发展。

3. 借鉴创新法

通过对经典事例的教育，学会换位思考，认识到那些家长文化素质不高，且生活负担大，应特别受到班主任的关注和指导的家庭。若在交流中责备家长，这种交流容易变成"僵局"。与这些家长进行沟通时，需要良好的心理素质和态度，不论是在何种尴尬或复杂的环境下，一定要体现自己的宽容大度，赢得家长的好感。

第三章　小学教师发展模式的理论构想

学校管理者以校本研修引领教师队伍的专业发展，应紧密结合校情、学生情、家长情，构建一校一策、一校一模式。根据《小学教师专业标准（试行）》中的三个维度、十三个领域、六十项要求，学校可以从"专业学研、品质课堂、课程拓展、班级管理、家校协作"五个维度构建专业发展模式。

第一节　教师发展的理论基础

教师发展的理论基础主要包括终身教育理论、可持续发展理论、人力资源开发理论、综合型激励模型理论、共同体发展理论、教师更新理论等。[①]

一、终身教育理论

终身教育又称"永久教育""生涯教育"等，这一理念并非始于21世纪，

---

① 朱笑荣. 高校教师教学改革创新与发展研究［M］. 长春：吉林大学出版社，2021：93.

而是自古以来就存在的思想。现代教育中所指的终身教育概念，由法国成人教育专家保罗·朗格朗（Paul Langrand）提出。1965年，保罗·朗格朗在巴黎召开的国际成人教育大会上首次提出了这一思想，该思想一经提出，便在全世界范围内获得极大认同。其中，部分国家的政党，如日本，还将终身教育的实施作为竞选口号以争取民众支持。尽管终身教育的观念得到世界各国人士的认同，然而关于其概念，学术界却始终没有统一的说法。"终身教育"一词的提出者保罗·朗格朗认为，所谓终身教育，即指完全意义上的教育，它包括教育的所有方面以及各项内容，从人的出生开始，一直到生命终结不间断地发展，此外还包括教育各个发展阶段各个关头之间的有机联系。[①]

二、可持续发展理论

可持续发展（Sustainable Development）是指既满足当代人的需求，又不对满足未来世代代需求的能力构成危害的发展。这一概念包含了经济、社会、环境和文化等多个方面的可持续性，旨在实现人类与自然的和谐共生，确保人类社会的永续发展。于教师发展而言，可持续发展指教师为适应教育和社会可持续发展的需要，确保其主体素质全面、和谐、自由、持久的发展能力不受损害的发展。这涵盖教师的专业知识、教育教学能力、科研能力、终身学习能力以及职业认同感和社会地位的提升等多个方面。

三、人力资源开发理论

人力资源开发这个概念出现的时间并不长，在学界尚无一个权威的定义。史密斯认为，人力资源开发是改进组织人力资源的最佳过程，通过培训、

---

① 欧阳忠明，肖玉梅，肖菲. 终身教育探寻学习的财富[M]. 重庆：西南大学出版社，2014：6.

教育、发展和领导来系统地提高绩效和人员生产率，以实现组织和个人目标的实践。学者吉利和埃格兰认为，人力资源开发是一个企业或者组织通过组织学习活动来提高绩效和增进个人成长，最终目标是提高工作质量，提升组织的成就。美国训练发展协会认为，人力资源开发是一种整合培训，是促进个人发展与组织发展相结合的提高方式，终极目标是提高个人以及组织的效率。学者纳德勒认为，人力资源开发是一种可能性，即在一定时期内，通过有组织的学习，提升整个组织的绩效，拓宽个人成长空间的可能性。通过总结以上文献资料，我们可以将人力资源开发（HRD）的定义确定为组织或企业为其员工提供的一种培训或教育计划，主要目的是帮助他们提升工作技能和技术，次要目的是改变他们的工作态度，以此规范他们的行为。

四、综合型激励模型理论

综合型激励模型理论是激励模型理论的一种综合分述观点，其中的代表观点是波特和劳勒（Porter and Lawler）提出的激励过程模型及罗宾斯（Robbins）的综合激励模型。波特和劳勒的激励过程模型是在期望理论和公平理论等理论的基础上，形成的一种综合型激励理论。波特和劳勒认为，绩效、奖酬、满足三者之间的关系如下：由绩效导致奖酬，再由奖酬导致满足感。他们认为，先有绩效才能获得满足；奖酬很重要，它是绩效导致满足的中介环节；奖酬高低必须与当事人认为应该获得的奖酬程度相称。

五、共同体发展理论

共同体（community）是一个含义较为宽泛、历史较为悠久的概念，早在古希腊时期，柏拉图、亚里士多德等就对共同体进行过相关的思索。柏拉图将作为城邦个体的公民和城邦共同体高度结合，认为个体幸福作为量化的形式只有在个体利益调和的平衡中才能达到它的上限,指出个体的价值终究要靠城邦理想化的政治生活才能实现。马克思、恩格斯批判继承了城邦共同体、契约共同体等思想,提出了真正的共同体思想,实现了从旧唯物主义到新唯物主义的跨越,超越了此前虚假的、虚幻的共同体思想。基于马克思主义"真正的共同体"思想以及世界共同体思想演进史,习近平总书记原创性地提出人类命运共同体理念。小学教师共同体发展是指在统一的教育理念和办学理念下共学、共研、共教、共同发展。

六、教师更新理论

1975 年,杰瑞·盖夫 (Jerry Gaff) 在其奠基之作《迈向大学教师更新》中用"大学教师更新"(Faculty Renewal) 指称大学教师发展,并指出其由个人发展、教学发展和组织发展三维构成,大学教师发展的概念逐渐明晰。个人发展包括澄清个人价值观、获得大学教师职业相关知识、改善工作压力、提高自我诊断和人际交往技能的过程。教学发展聚焦于教学改进与课程设计。组织发展强调大学组织环境的发展,这种环境有益于大学教师的更新。盖夫认为在条件允许的情况下,这三者是同步进行的。随着社会的发展,"大学教师更新"理论也适用于中心小学教师。

第二节 "五维一体"模式的构建

教师专业发展模式是指促进教师专业发展的形式、结构和途径,其研究的是教师专业发展过程中诸因素的最佳结合与构成。国内诸多学者针对中小学教师专业发展模式从不同研究视角出发,形成了系列观点、主张和实践经验做法,主要集中在六大方面。其一,基于教师某个发展特长的模式研究,如以"福建首届微课堂大赛"为例开展基于微课堂的教师专业发展模式研究，验证基于微课堂的教师专业发展模式的可行性和有效性。其二，基于某个发展群体的教师发展模式研究，如高圆圆从理念、内容、路径三个维度构建切实可行的新型教师专业发展3C模式。其三，基于机制改革探索的教师专业发展模式研究，如杜德栎、罗嘉文提出的"四方协同"教师专业发展模式，即在师范大学、地方政府、基金会、中小学校四方协同促进教师专业发展的运作机制下，把社会力量引入教师专业发展的新模式。上述关于中小学教师专业发展模式的相关研究不仅提供了重要的理论基础和实践指导，而且为分析和判断教师专业发展模式特点和价值提供了思考和借鉴。模式研究是以一种简约、抽象、结构的方式对复杂的研究对象进行描述、分析的研究，从而在整体上和本质上把握事物存在的主要形式、特点、结构及运动规律。教师专业发展模式可以从路径建设、管理机制、驱动机制和项目实施多个维度进行构建和研究，创设教师专业发展模式应用的良好环境，创新群体发展模式和个性化发展模式，创新教师发展评价机制，在理论上构建和实践应用中揭示教师专业发展的规律，从而清晰教师专业发展模式的形式、特点、机构及其运作机制。谢岗中心小学基于珠三角地区小学教师队伍的特点，从"专业学研、课堂教学、课程拓展、班级管理、家校协作"五个维度构建专业发展模式。

一、专业学研

专业学研是指小学教师针对教育教学实践中遇到的问题和困惑，通过系统地学习、研究和实践，不断提高自身的专业素养和教学能力的过程。专业学研的内涵包括学科知识的更新、教育理念的转变、教学技能的提升、教育科研的训练等方面，外延则涉及教师的学习、研究、实践和反思等活动。

对于小学教师的发展而言，专业学研有助于提升教师的教育教学水平。通过系统地学习和研究，教师能够不断更新学科知识，掌握新的教育理念和教学方法，从而更好地满足学生的学习需求，提高教学质量。专业学研有助于增强教师的自信心和职业认同感。通过学习和研究，教师能够提升自身的专业素养和知识储备，增强自信心和职业认同感，从而更好地履行教师职责，提高教学质量。专业学研还有助于提高教师的研究能力和学术水平。通过教学研究，教师能够探索教育教学的规律和特点，为教育改革和创新提供支持，同时也能提升自身的学术水平和研究能力。专业学研有助于促进教师的团队合作和共同成长。教师的学习和研究通常以团队的形式进行，通过与同行进行交流和合作，分享经验和资源，能够共同解决问题和探索创新，形成良好的团队合作和共同成长的氛围。

专业学研对小学教师的专业发展具有重要意义，它是提升教师教育教学水平、研究能力、自信心和团队合作能力的重要途径。因此，小学教师应注重专业学研，积极参与相关的学习、研究和实践活动，不断提升自身的专业素养和教学能力。

二、课堂教学

课堂教学是教师专业发展的核心环节，它不仅涉及知识的传递，更关乎学生学习能力的培养、情感态度的塑造以及价值观的引导。课堂教学是教师专业发展的基础和核心。通过课堂教学实践，教师能够不断积累经验、提高能力、完善自我。

课堂教学与教师专业发展之间存在着密不可分的关系，它们相互促进，共同推动教育质量的提升和教师个人职业成长的实现。

首先，课堂教学是教师专业发展的基石。教师的核心任务就是教学，而课堂教学是教师实现这一任务的主要场所。在课堂教学的实践中，教师应不断地尝试、反思、总结和创新，以提高教学效果。这个过程中，教师不仅积累了丰富的教学经验，还提升了自身的教学技能和专业素养。因此，课堂教学是教师专业发展的起点和基础。

其次，教师专业发展又能反过来推动课堂教学质量的提升。随着教师专业知识的增长和技能的提高，学校能更精准地把握学科知识的本质和规律，更灵活地运用各种教学方法和手段，使课堂教学更为生动、有趣和高效。同时，教师专业发展还能增强教师的教育责任感和使命感，使教师更关注学生的成长和发展，为学生的全面发展提供更好的教育教学服务。

最后，课堂教学与教师专业发展之间还存在着相互促进的良性循环。在课堂教学实践中，教师不断发现新问题、解决新困难、总结新经验，这些经验又可以反过来促进教师的专业发展，而教师的专业发展又能进一步推动课堂教学的改革和创新，形成良性循环。

三、课程拓展

课程拓展是指小学教师根据学科特点和学生实际情况，对现有课程进行补充、拓展和延伸，以拓宽学生的知识面、提升学生的综合素质和创新能力的一种教学方式。

课程拓展是指在原有课程的基础上，通过增加相关领域的知识和技能，或者开展与课程相关的实践活动，来拓宽学生的知识面和视野，提升学生的综合素质和创新能力的一种教学方式。这种教学方式强调学生的主体性和探究性，鼓励学生自主学习、合作学习和创造性学习。

课程拓展的内涵包括拓展内容的针对性、拓展方式的多样性、拓展过程的互动性和拓展效果的有效性等方面。拓展内容的针对性是指教师需要针对教学内容和学生实际情况，选择适当的拓展内容；拓展方式的多样性是指教师可以选择多种方式进行课程拓展，如讲解、讨论、演示、实验等；拓展过程的互动性是指教师在课程拓展过程中需要注重与学生的互动，鼓励学生积极参与；拓展效果的有效性是指教师需要注重课程拓展的实际效果，及时调整和改进教学方式。

课程拓展的外延涉及教师的教学设计、课堂组织、教学评价和反思等活动。在教学设计方面，教师需根据学科特点和教学目标，合理安排拓展内容和方式；在课堂组织方面，教师应注重课堂氛围的营造和教学环节的衔接；在教学评价方面，教师需注重评价方式的多样性和有效性；在反思方面，教师需总结课程拓展的经验和不足，不断改进和完善教学方式。

通过课程拓展，教师需学习和了解相关领域的知识和动态，掌握新的教学方法和技能，这有利于提升教师的专业素养和教学能力。教师需具备广博的知识和多样的技能，通过与其他领域的融合，教师能够拓宽自身的知识面和视野，提升自身的综合素质。教师需具备不断创新的能力和创造性思维，通过不断探索新的教学方式和思路，教师能够提升自身的创新能力和创造性思维。通过课程拓展，教师能够激发学生的学习兴趣和探究意识，提高学生的学习效果和满意度。同时，这种教学方式还能够培养学生的自主学习和合作学习能力，为学生的终身发展奠定基础。课程拓展不但关注学科知识，还注重培养学生的综合素质和能力。因此，教师在课程拓展过程中能够全面发展自身的能力和素质。此外，课程拓展需要教师之间的紧密合作，共同探讨课程设计和教学方法等问题，进而增强教师的团队协作能力。

四、班级管理

班级管理是指班主任按照一定的原则和具体要求，采取适当的方法，为建构良好的班集体而进行的综合性活动，包括对全班学生的思想、学习、劳动、生活等各项活动的管理，旨在促进学生的全面健康成长和个性和谐发展。

班级管理是学校管理活动的具体化，也是学校管理的重要组成部分。

从学校整体工作来看，班级管理是学校管理的"第一步"，因为学生的活动基本上都是在班级内进行的。只有实施有效的班级管理，学校工作才能实现整体的提升和稳定的发展。

班级管理通常可以分为班级制度管理、班级活动管理、班级教学管理和班级文化管理四个方面。班级制度管理是指制定和执行班级规章制度，以维护班级秩序和纪律。班级活动管理是指组织和指导班级各类活动，以丰富学生的生活，促进学生的全面发展。班级教学管理是指组织并指导班级教学工作，以提高学生的学习成绩和学习能力。班级文化管理是指营造班级文化氛围，以培养学生的文化素养和审美能力。

班级管理与教师专业发展之间存在密切的关系，二者相互促进、相互影响。

首先，班级管理是教师专业发展的重要组成部分。作为一名教师，不仅需要具备扎实的学科知识和教学技能，还需要具备良好的班级管理能力。班级管理涉及学生的日常行为管理、课堂纪律维护、学生情感引导等多个方面，这些都需要教师具备专业的知识和技能。通过有效的班级管理，教师能够营造良好的教学环境，提高学生的学习效果，进而促进自身的专业发展。

其次，班级管理也是教师专业发展的重要推动力量。在班级管理中，教师需不断面对各种问题和挑战，如学生行为问题、课堂纪律问题、家长沟通等。这些问题和挑战为教师提供了丰富的实践机会，促使教师不断学习和研究，提升自身的专业素养和教育教学能力。同时，班级管理也需要教师具备创新精神，不断探索适合学生的管理方法和策略，这种创新精神也是教师专业发展的重要体现。

最后，教师专业发展也为班级管理提供了有力支持。随着教师专业素养的不断提升，教师对于班级管理的认识和理解也会更加深入和全面。教师能够更好地把握学生的需求和特点，制定更为科学合理的班级管理策略，提升班级管理的效果和质量。同时，教师专业发展也为班级管理提供了更多的资源和支持，如教育心理学知识、教育技术应用等，这些都有助于提升班级管理的水平和效果。

班级管理与教师专业发展之间存在密切的关系，二者相互促进、相互影响。班级管理是教师专业发展的重要组成部分和推动力量，而教师专业发展也为班级管理提供了有力支持。因此，在小学教育中，应重视班级管理工作，提升教师的班级管理能力，同时也应注重教师的专业发展，为班级管理提供更为全面和专业的支持。

五、家校协作

家校协作与教师专业发展之间存在密切的关系，二者相互促进、相互影响。

首先，家校协作有利于推动教师的专业发展。通过家校协作，教师能够更深入地了解学生的家庭背景、成长经历及个性特点，从而更全面地掌握学生的情况，为教育教学提供更为精准的指导。同时，家校协作也为教师提供了与家长沟通、交流的机会，使教师能够更透彻地了解家长对孩子的期望和需求，进而更好地满足家长和学生的需求。这种沟通和交流的过程，有助于教师不断反思自身的教育教学方式，提升专业素养和教育教学能力。

其次，教师的专业发展也为家校协作提供了有力支持。随着教师专业素养的不断提升，教师对家校协作的认识和理解也会更为深刻和全面。教师能够更积极地与家长建立联系，寻求家长的支持与配合，共同促进学生的成长和发展。同时，教师专业发展也为家校协作提供了更多的资源和支持，如教育心理学知识、家庭教育指导等，这些都有利于提升家校协作的效果和质量。

最后，家校协作和教师专业发展的共同目标是促进学生的全面发展和成长。家校协作和教师专业发展均围绕学生展开，旨在为学生提供更优质的教育环境和教育资源。通过家校协作和教师专业发展的相互促进，能够形成教育合力，共同促进学生的全面发展和成长。

家校协作与教师专业发展之间存在密切的关系，二者相互促进、相互影响。家校协作有助于促进教师的专业发展，而教师的专业发展也为家校协作提供了有力支持。通过家校协作和教师专业发展的共同努力，能够为学生提供更优质的教育环境和教育资源，促进学生的全面发展和成长。

学校可以从以上五个维度构建教师专业发展模式，以促进教师的专业成长和发展，提高教师的教学水平和专业素养，进而提升学生的学习效果和综合素质。

第三节　小学教师专业发展的基本策略

基于区域特色、学校实际情况和学校教师队伍的现实问题，学校可以构建"五维一体"教师专业发展模式，以下主要阐述如何从五个维度推动教师发展的方法。

一、专业学研为基础

教师是推动教育发展和学生全面发展的关键力量，他们的专业水平和发展对教育事业意义重大。然而，当前教育环境中仍存在一些问题，如教师的专业发展不够充分、学科知识更新不及时、教学方法单一等。因此，需采取一系列策略，推动教师专业学研，促进他们的专业发展。

（一）提供多元化的专业学习机会

学校和教育机构可以组织丰富多样的专业培训、研讨会、讲座等活动，为教师提供不同领域的学习机会，使其能够不断更新知识和教学技能。

（二）建立学习共同体

教师可以组建学科教研组、专业发展小组等，共同研讨教学问题、分享教学经验，形成学习共同体，相互促进、共同进步。

（三）鼓励教师参与科研项目

学校可以鼓励教师参与科研项目，提供相应支持和资源，为教师深入研究学科、提升专业水平创造机会。

（四）引导教师进行教学反思和改进

学校可以建立教学评价体系，通过教学观摩、课程反思等方式，帮助教师了解自身教学问题，并提供相应培训和指导，促进他们不断改进教学方法和效果。

（五）建立评价机制，激励教师专业发展

学校可以建立教师评价机制，将教师专业发展纳入考核内容，并根据教师的专业水平和成果给予相应奖励和晋升机会，激励教师积极投身专业学研。

通过提供多元化的专业学习机会、建立学习共同体、鼓励教师参与科研项目、引导教师进行教学反思和改进以及建立评价机制等策略，能有效推动教师的专业学研和专业发展。这样不仅能提升教师的教学水平和专业素养，也能促进整个教育事业的发展，为学生提供更优质的教育服务。

二、以课堂教学为基地

课堂教学是教师专业发展的核心环节，不仅涉及知识的传递，更关乎学生学习能力的培养、情感态度的塑造以及价值观的引导。课堂教学是教师专业发展的基础和核心，因此推动教师的专业发展至关重要。主要可以从以下方面提升教师的课堂教学质量。

（一）提供专业培训

组织各类专业培训，包括教学方法、课堂管理、教育技术等方面，帮助教师提升专业素养和教学能力。

（二）建立导师制度

学校可以建立导师制度，安排经验丰富的教师指导新任教师的专业发展。导师能在教学实践中给予指导和支持，分享经验和教学技巧，帮助新任教师加速成长。

（三）鼓励教师进行教学研究

应鼓励教师开展教学研究，积极参与教育实践和教学改革。学校可以设立奖励机制，鼓励教师进行教学研究，提升教学质量。

（四）建立反馈机制

学校应建立有效的反馈机制，使教师了解自身的教学效果和存在的问题。可以通过同事评教、学生评价、教学观摩等方式，及时提供教学反馈，帮助教师改进教学方法和策略。

（五）加强教师交流合作

学校可以组织教师交流合作活动，让教师相互学习借鉴，分享经验和教学资源。可以通过教研组、教学研讨会、教育展示等形式，促进教师间的交流与合作，提高教学质量。

（六）提供个性化发展方向

每位教师都有不同的特点，学校可以针对不同教师的特点和需求，提供个性化的专业发展方向和培训计划，帮助教师在自己感兴趣且擅长的领域深化专业能力。

课堂可以成为教师专业发展的重要基地，通过提供专业发展机会、建立导师制度、鼓励教学研究、建立反馈机制、加强教师交流合作以及推动教师评聘制度改革等策略，能有效推动教师的专业发展，提升教学质量。

三、以课程拓展为机遇

在快速发展的教育领域中，课程拓展不仅是学生学习内容的延伸，更是教师专业发展的关键途径。课程拓展为教师搭建了创新教学、探索多元化教学方法的平台，有助于提升教师的教学能力、拓宽教育视野。

（一）开展跨学科教学

组织"学科融合"教研活动，推动不同学科教师进行跨学科教学。跨学科教学不仅能激发学生的学习兴趣，还能培养学生的综合思维和解决问题的能力。与此同时，跨学科教学也促使教师不断更新自身的知识体系，提升专业素养。

（二）充分利用信息技术手段

通过教师培训，使每位教师掌握更多的信息技术手段，教师能够借助信息技术手段进行课程拓展，如在线课程、虚拟实验等。信息技术手段的应用不仅能丰富教学内容，还能提高教学效率和学生的学习效果。同时，信息技术手段也为教师提供了更多的教学资源和教学方法，有助于推进教师的专业发展。

（三）加强与外部资源的合作

课程拓展要求教师充分利用外部资源，如高校、研究机构、企业等。通过与外部资源的合作，教师能够获取更多的专业支持和教学资源，丰富自身的教学内容和方法。

（四）完善评价与反馈机制

为确保课程拓展的效果和教师的专业发展，需构建完善的评价与反馈机制。通过对教学效果的评价和反馈，教师能够明晰自己在教学中的优势与不足，及时调整教学策略和方法。同时，评价与反馈机制也能够激励教师不断追求专业成长和创新教学。

总之，课程拓展为教师专业发展提供了广阔的空间和机会。通过探索跨学科教学、实践性与项目式教学的应用、利用信息技术手段、加强与外部资源的合作以及完善评价与反馈机制等策略，我们能够充分利用课程拓展，推动教师的专业发展。这不仅有助于提升教师的教学能力和专业素养，还能为培养更多优秀人才做出积极贡献。

四、以班级管理为阵地

班级管理，作为教育工作中至关重要的一环，不仅是维护教学秩序和塑造良好学风的基石，更是教师专业成长的"练兵场"。在日常的班级管理中，教师不仅面临各种教育挑战，也拥有众多专业发展的机遇。

（一）明确班级管理目标

在班级管理中，要求各位科任教师，特别是班主任要明确班级建设的目标，设定清晰、具体的管理目标，如课堂管理、学生心理辅导等。

（二）深入了解每个学生

德育处要求教师深入了解每位学生的性格、兴趣、学习习惯等，为每位学生制定个性化档案。

（三）加强团队合作

班级管理不仅是单个教师的工作，还需要与其他教师、家长、学校管理者等多方协作。德育处在开展班主任工作时都会邀请科任教师一起参加，并以科任教师为副班主任，使每一位教师都将班务视为己任，荣辱与共。

（四）反思与总结，持续改进班级管理实践

班级管理是一项持续性的工作，需要教师不断反思和总结实践经验。通过反思班级管理中的成功与不足，教师可以不断调整管理策略，提升班级管理水平，同时也为自己的专业成长积累宝贵的经验。学校应每年要求班主任撰写班级管理和班级文化建设总结。

总之，班级管理不仅是教育工作的基础，更是教师专业成长的重要阵地。通过明确管理目标、深入了解学生、加强团队合作、反思与总结，教师可以充分利用班级管理这一阵地，推动自身的专业发展。这不仅有助于提升教师的教育教学能力，也有助于为学生创造更加优质的教育环境。

五、以家校协作为合力

家校协作是教育工作中不可或缺的一环，对促进学生的学习成长和全面发展起着至关重要的作用。同时，家校协作也是推动教师专业发展的重要途径。通过加强与家长的沟通与合作，教师能够不断提升自身的教育教学水平，实现个人专业成长。

（一）建立有效的家校沟通机制

为了充分发挥家校协作的合力，教师需与家长建立有效的沟通机制。包括定期的家长会、电话沟通、微信等在线平台交流等方式。通过这些沟通渠道，教师能够及时了解学生在家庭中的表现，家长也能了解学生在学校的学习情况。这种双向的信息交流有利于教师更全面地了解学生，进而调整教学策略，提升教学效果。

（二）促进家长参与学校教育活动

家长是学生学习成长的重要伙伴，他们的参与和支持对学生的学习具有积极的推动作用。因此，教师应积极邀请家长参与学校的教育活动，如家长会、公开课、教学展示等。通过这些活动，家长能够更深入地了解教师的教学风格和方法，同时也能提出自己的意见和建议。这有助于教师不断改进教学方法，提升教学质量，实现个人专业成长。

（三）利用家长资源，丰富教学内容

家长来自不同的行业和领域，他们拥有丰富的知识和经验。教师可以充分利用这些资源，邀请家长走进课堂，分享他们的专业知识和经验。这不仅能丰富教学内容，激发学生的学习兴趣，还能拓宽教师的知识视野，促进教师的专业发展。

（四）加强教师培训，提升家校协作能力

为了更好地开展家校协作，教师需要不断提升自身的沟通和协作能力。学校应加强对教师的培训，提高他们与家长沟通的技巧和方法。同时，教师也应积极学习和掌握与家长沟通的技巧和方法，如倾听、表达、协商等。这有助于教师更好地与家长建立信任和理解，形成教育合力。

（五）反思与总结，持续完善家校协作策略

家校协作是一个持续不断的过程，需要教师不断反思和总结实践经验。教师应定期回顾和评估家校协作的成效，分析存在的问题和不足，并及时调整和完善协作策略。通过反思和总结，教师能够不断提升自身的家校协作能力，为个人的专业发展奠定坚实的基础。

家校协作是推动教师专业发展的重要途径之一。通过建立有效的沟通机制、促进家长参与学校教育活动、利用家长资源、加强教师培训以及反思与总结等策略，教师能够充分利用家校协作的合力，实现个人专业成长。这不仅有助于提升教师的教育教学水平，也有助于为学生营造更为优质的教育环境。

小学教师的专业发展是一个长期且复杂的过程，需要持续的学习和努力。谢岗中心小学构建"五维一体"发展模式，通过制定与之相应的基本策略，促进教师不断进取，教师队伍建设成效显著。

第四章 走近谢岗中心小学教师发展现场

第一节 谢岗中心小学的文化背景

谢岗镇中心小学地处东莞最东端，与惠州交界，毗邻樟木头、桥头和清溪，东莞第一峰"银瓶山"坐落于谢岗镇境内，环境宜人。2008年9月，全镇实行联合办学，多间小学合并成为谢岗镇中心小学。目前，学校共有49个教学班，在校学生2 400余人，在职教职工150余人。2017年，东莞市推进"海绵城市"建设，谢岗镇提出"建设现代化新城，打造海绵城市"的构想。谢岗中心小学结合自身实际，全力打造"绿教育"品牌。首先，加强校园绿化，绿化面积达百分之八十以上，荣获全国生态文明学校称号；其次，推行人性化管理，使每位学生和教师都能得到最好的发展，校园氛围和谐，充满阳光；最后，为教师发展和家校沟通开辟绿色通道，促进教师的可持续发展，加强家校合作共育，绿色发展理念已成为学校的发展理念。

谢岗中心小学将云南省曲靖市第二小学作为品牌学校建设的参照对

象。近年来，云南省曲靖市第二小学致力于打造以"绿色文化"为核心的综合素质教育，将生态文明教育与校园文化有机融合，将绿色教育理念贯穿其中，形成了特色鲜明的四位一体"绿色文化"。谢岗中心小学借鉴其"四位一体'绿色文化'"经验（制度文化：营造绿色管理——团队和谐之绿；精神文化：拓展绿色教育——师生启智之绿；文化环境：提升绿色品位——校园可持续之绿；行为文化：展示绿色成果——知行合一之绿），在其现有成果的基础上，谢岗中心小学从课堂、管理、教学等方面进行突破，构建"绿教育"特色，形成"绿教育"模式，创造"绿教育"文化，打造我校"绿教育"品牌。

一、"绿教育"理念内涵概述

"绿教育"是对学校历史、现状、发展及地方文化进行综合分析后的选择，契合教育规律，是全面实施素质教育的需要。经上级教育主管部门、社会贤达、全体教师、家长共同研讨，决定将学校建设成一所"绿教育"品牌学校。以"用绿韵浸润学子之心，让生命在绿韵中升华"作为办学理念，通过绿色课程开发、绿色管理，以及"绿美少年"的培养，逐步提升办学质量，形成独特的办学特色，办好人民满意的教育。

绿色代表着健康、环保、向上、和谐及持续发展。"绿教育"回归教育的本真，尊重学生的个体差异，促进学生健康成长，培养学生积极向上的人格精神和可持续发展思维，养成绿色出行、环保生活的习惯。注重引导教师养成健康的生活习惯，形成终身学习、热情向上、不断发展的职业精神，组建团结和谐、奋发向上的教育团队，进而营造健康和谐、人人向上的教育教学环境，实现学校、家庭与社会的和谐发展。

"绿教育"理念内涵体现在以下三个方面，如图4-1所示。

减负增能：谢岗中心小学教师队伍建设实践

"绿教育"溯源

"绿教育"是对绿色发展理念的校本落实

"绿教育"是对当地生态文化的有力传承

"绿教育"是对当代主流教育理念的校本诠释

图 4-1 "绿教育"溯源

（一）"绿教育"是对绿色发展理念的校本落实

当今世界，绿色发展已成为重要趋势，许多国家将发展绿色产业作为推动经济结构调整的重要举措，突出绿色的理念和内涵。绿色发展是以效率、和谐、持续为目标的经济增长和社会发展方式。绿色发展与可持续发展在思想上一脉相承，既是对可持续发展的继承，也是可持续发展中国化的理论创新，更是中国特色社会主义应对全球生态环境恶化客观现实的重大理论贡献。

2006 年，《环境保护》指出，中国经济发展要实现绿色转变，必须制定国家绿色发展战略规划的构想；《科学管理研究》通过分析绿色发展指数与经济发展水平的关系，建立了绿色发展指标体系；2015 年，中共十八届五中全会通过《中共中央关于制定国民经济和社会发展第十三个五年规划的建议》提出了创新、协调、绿色、开放、共享的新发展理念；2017 年，中共十九大报告明确指出，加快建立绿色生产和消费的法律制度和政策导向，建立健全绿色低碳循环发展的经济体系。2018 年，《Sustainability》首次绘制了中外绿色发展知识图谱。

教育随着社会发展趋势不断进步，绿色教育在国内逐渐兴起。1998 年，清华大学率先在全国提出建设"绿色大学",经过11年的建设和完善,绿色教育成为"绿色大学"建设的重要内容之一。

谢岗中心小学顺应时代的风向标,构建"绿教育"。"绿教育"将人与自然和谐发展的理念、环境科学内容、生态现代化的发展目标融入学校教育体系中,培养师生的生态意识和素养,培育师生的绿色行为模式。可以说,"绿教育"是对全球绿色发展理念的校本落实。

(二)"绿教育"是对当地生态文化的有力传承

谢岗中心小学所在的谢岗镇地处东莞最东端,与惠州交界,毗邻樟木头、桥头和清溪,生态资源非常丰富,东莞第一峰银瓶山便矗立于此。谢岗镇南部山脉连绵,北部水体广袤,中心区处于"南山北水"之间,依山傍水,自然生态禀赋独特。

2017年,东莞市推进"海绵城市"建设,谢岗镇提出"建设现代化新城,打造海绵城市"的构想。谢岗镇正着力践行绿色发展和产城人融合发展理念,全面铺开海绵城市建设,按照"一城、一园、一湖、一山"的新型城镇化格局,将整个谢岗编织成绿网。谢岗镇委镇政府还提出了"山水谢岗,幸福安康"的美好未来构想。相信在不久的将来,谢岗将成为一座建在公园上的生态宜居新城。

谢岗中心小学积极响应建设海绵城市的号召,结合实际情况,全力打造绿色校园。其一,营造富有人情味的校园环境:加强校园绿化,绿化面积达百分之八十以上,学校荣获"全国生态文明学校"称号;物质文化布置引导学生关爱自然、关注环境、关爱生命。其二,推行人性化管理:以人本主义为原则,构建和谐、高效、民主、平等的制度文化,健全师生参与制度与激励机制,让每位师生都能实现可持续发展,成为最好的自己,使校园充满阳光活力。其三,构建和谐共生的家校社网络,为校社联动、家校沟通开辟绿色通道，加强家、校、社合作共育。"绿教育"已成为学校发展的一张名片，是对当地生态文化的有力传承。

（三）"绿教育"是对当代主流教育理念的校本诠释

教育的目的在于促进人的社会价值与自我价值的协调发展，学校的基本功能是助力学生学业进步和生命成长。学生的学业成长是教育生态系统中的自然现象，需要放慢成长、生态成长、自我成长。对学生的减负，促使教师转变教风，从征服学生、管束学生中超越出来，回归到教师、学生、家长同为生态系统主体，同为生态系统因子，共同营造、改善和呵护教育生态环境的状态。教育应尊重学生的生命，发挥学生的生命活力，遵循学生的生命规律，实现学生的生命价值。

"绿教育"以"人"为出发点，在教育实践过程中强调"人"在学校乃至社会中的地位和作用，并以人的全面协调可持续发展和生命价值的实现为学校教育的最终目标，全力打造"以人为本"的特色文化。"绿教育"一方面注重引导教师养成健康的生活习惯，形成终身学习、热情向上、不断发展的职业精神，组建团结和谐、奋发向上的教育团队，进而营造健康和谐、人人向上的教育教学环境，实现学校、家庭与社会的和谐发展；另一方面主张遵循生命规律，关注生命成长，让每个学生在生态环境中自然生长，各取所需，各得其所，各放异彩。可见，"绿教育"是对当代主流教育理念的校本诠释。

二、"绿教育"六大内涵主张

"绿教育"六大内涵主张主要包括以下方面，如图4-2所示。

"绿教育"内涵

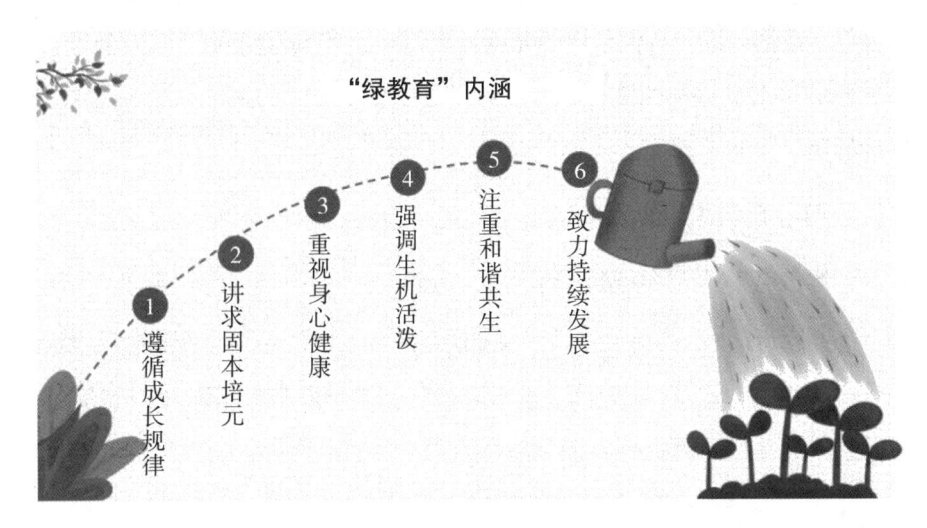

1. 遵循成长规律
2. 讲求固本培元
3. 重视身心健康
4. 强调生机活泼
5. 注重和谐共生
6. 致力持续发展

图4-2 "绿教育"内涵

（一）遵循成长规律

"绿教育"理念要求尊重生命，尊重学生的成长规律和教育规律，尊重学生的个体差异。教育应回归生命本真，因人而异，因材施教，因势利导，实现学生的差异个性成长，而不能像不称职的园丁那样扼杀个性地修剪，也不能像心急的农夫那样拔苗助长，更不能像工厂式批量生产。

（二）讲求固本培元

"君子务本，本立而道生"，根基稳固，方能枝繁叶茂，花艳果盛。小学阶段是人生奠基的重要阶段，是培养良好人格根基的关键时期。"绿教育"主张通过经典诵读等途径，修养人之品德，涵养人之格局，培养人之良习，开启人之智慧，培养孩子的良好习惯及正确的人生观、价值观，为孩子的成长奠定人生底色。

（三）重视身心健康

世界卫生组织指出："健康不仅是没有疾病，而且包括躯体健康、心理健康、社会适应良好和道德健康。"一个身心健康的人，热爱运动，体魄强健；性情开朗，自信乐观，充满阳光活力；意志力坚强，不轻易放弃；有积极的追求、宽阔的胸怀，有良好的适应能力。"绿教育"正是重视学生的健康，主张培养身心和谐的孩子。

（四）强调生机活泼

"绿教育"强调要把每个学生看成独特的个体，让生命最好的禀赋能够展示和发展。人生而有好奇之心、浪漫之情，这是生命成长的原始驱动力。学校呵护孩子的天性，保护孩子对人、对事、对物的好奇、热情、欣赏和探究，让孩子发展个性，激发孩子的生命活力。

（五）注重和谐共生

教育是一个复杂的系统工程。"绿教育"强调人与自然的和谐共处，人与社会的共同进步，人与他人的互助共享；强调构建学校、家庭、社会的有机融合，构建绿色发展概念下的学校价值体系，营造一个家、校、社联动、共生共荣、和谐发展、共同进步的学校教育生态。

（六）致力持续发展

"绿教育"强调要着眼长远，以学生发展为本，注重培养学生的可持续发展能力。教育要对学生未来发展负责，培养他们的综合素养，培养终身学习的能力，发掘潜能潜力，适应时代需要，适应未来发展，从而成为社会经济可持续发展的后备人才。

三、"绿教育"理念标识

"绿教育"理念标识的具体内容如图4-3所示。

"绿教育"理念标识

办学理念： 用绿韵浸润学子之心，让生命在绿韵中升华
办学目标： 绿泽心灵，育高尚人，创长青校
教师成长目标： 灵动和谐、潜心育人、勇于创造的绿使者
学生发展目标： 健康向上、善学会用、富有潜力的绿精灵
校训： 做最好的自己，成就美好人生
校风： 心拥快乐，智赢未来
教风： 德艺双馨，正己树人
学风： 身心和谐，智勇双全

图 4-3 "绿教育"理念标识

（一）办学理念：用绿韵浸润学子之心，让生命在绿韵中升华

学校创设绿色生态环境，践行绿色发展理念，在教育教学工作中遵循成长规律、讲求固本培元、重视身心健康、强调生机活泼、注重和谐共生、致力持续发展，为学生的成长保驾护航，培育具有绿色身心、绿色品行、绿色学问、绿色思维、绿色才艺、绿色气质的"绿精灵"学子，让每一个生命在生机活力的绿色环境氛围中生根、发芽、开花、结果，让每一个生命得到成长与发展。

（二）办学目标：绿泽心灵，育高尚人，创长青校

学校以"绿教育"为引领，营造绿意葱茏的物质环境与人性化的人文环境，在润物无声中浸染师生的心灵，培育节操高洁、情趣高雅的学子，创建流芳于世、可持续发展的高品位学校。

（三）教师成长目标：灵动和谐、潜心育人、勇于创造的绿使者

素养要求：身心和谐、底蕴深厚、聪颖灵慧、有才有艺、务实创生（如

图 4-4 所示）。

教师素养

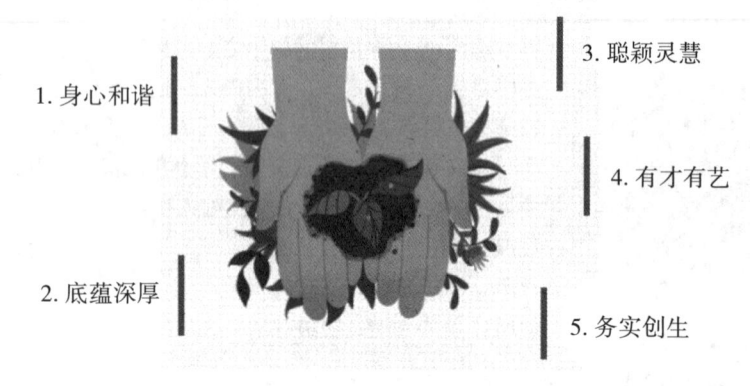

1. 身心和谐
2. 底蕴深厚
3. 聪颖灵慧
4. 有才有艺
5. 务实创生

图 4-4 教师素养要求

（四）学生发展目标：健康向上、善学会用、富有潜力的绿精灵

素养要求：绿色身心——健康积极；绿色品行——博爱和善；绿色学问——扎实深厚；绿色思维——智慧通达；绿色才艺——工夫精湛；绿色气质——活泼灵气（如图 4-5 所示）。

学生素养

绿色身心：健康积极

绿色品行：博爱友善

绿色学问：扎实深厚

绿色思维：智慧通达

绿色才艺：工夫精湛

绿色气质：活泼灵气

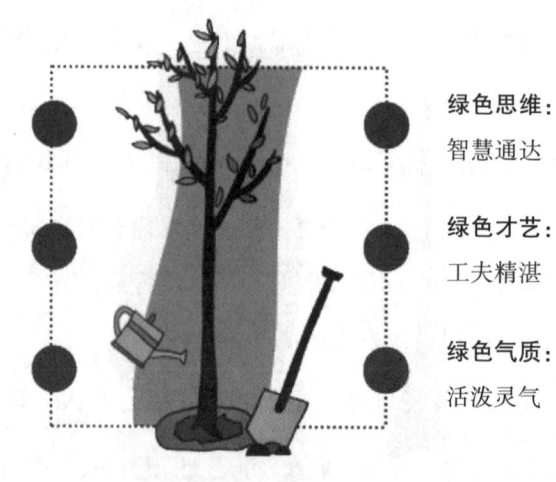

图 4-5 学生素养要求

（五）校训：做最好的自己，成就美好人生

每个人生来有差异，能力有大小，只要尽自己最大的努力，达到自己能力的最高水平，就是成功的，人生就是有价值的。

"做最好的自己，成就美好人生"是在"以人为本"的思想指导下，鼓励师生不断地认识自己、接纳自己、肯定自己、相信自己、发展自己，在不同时期、不同阶段积极向上，努力做最好的自己，活出自己的精彩，为美好人生奠基。

学校关注每一位师生的发展，激发和培养每个师生内在的自主感悟，促进师生的自主发展，精心呵护和培育师生发展的每一种可能性，并尽其所能为每一种可能性提供发展的环境。

校训"做最好的自己，成就美好人生"以绿色发展理念培养师生高度的社会责任感和终身持续发展的能力，使人人发挥出自己最大的价值。

（六）校风：心拥快乐，智赢未来

心拥快乐——每一位师生乐观向上，对人、对事、对世界都怀着欣赏的眼光和热情的态度，从而让自己感受到生活的温暖、人生的光亮的同时，也让他人获得生活的温暖、人生的光亮，让每一个生命都充满正能量，内心充盈着快乐。

智赢未来——每一位师生提升自身的知识、技能、品格和元认知等综合素养，用自己的智慧搭建通往美好未来的桥梁。

校风"心拥快乐，智赢未来"，描绘了"绿教育"理念下师生充满欢乐和智慧的人文图景和校园风气。

（七）教风：德艺双馨，正己树人

德艺双馨——形容一个人的德行和技艺都具有良好的声誉。以德铸魂，以技立身，"德艺双馨"强调教师应成为师德高尚、技艺高超的教育者，

在品德和技能两个方面不断提升自我，追求"双馨"的完美境界。

正己树人——树人，语出《管子·权修》："一年之计莫如树谷，十年之计莫如树木，终身之计莫如树人。"意指培养造就人才。正己树人，强调教师须以身作则，品德、行为要堪为示范，以育人为己任，在言传身教与潜移默化中对学生施以影响，培养德才兼备、全面发展的人。

教风"德艺双馨，正己树人"是"绿教育"理念下学校对身为"绿使者"的教师在师德、师能方面的具体要求。

（八）学风：身心和谐，智勇双全

身心谐美——学生通过身心同修，达到心理与生理、情感与意志、思想道德与智慧能力、知与行的生命整体的和谐发展。

智勇双全——形容人足智多谋，勇敢善战，智与勇二者兼备。强调学生既要有学习的方法、解决问题的能力，又要有学习的积极态度、敢于面对问题的勇气，智慧与勇气兼备，则无坚不摧。

学风"身心和谐，智勇双全"是"绿教育"理念下学校对"绿精灵"学子学习风气的具体要求。

第二节 谢岗中心小学教师发展理念的构建

谢岗中心小学围绕"绿教育"理念"用绿韵浸润学子之心，让生命在绿韵中升华"，从制度、评价等方面构建教师全面发展理念。

一、完善各类管理制度，优化校内管理

（一）完善管理制度

围绕"绿教育"，完善各项管理制度。将各项制度汇编成《"绿教育"

第四章　走近谢岗中心小学教师发展现场

学校管理制度汇编》，具体包括岗位职责制度、常规管理制度、教学管理制度、财务管理制度、学生管理制度、专用教室管理制度、安全工作管理制度等。

（二）优化管理程序

以"绿教育"为指导，组建行政服务中心、教师成长中心、学生发展中心、学科建设中心、家校合作中心，实现管理的扁平化，提供一站式服务，如图4-6所示。

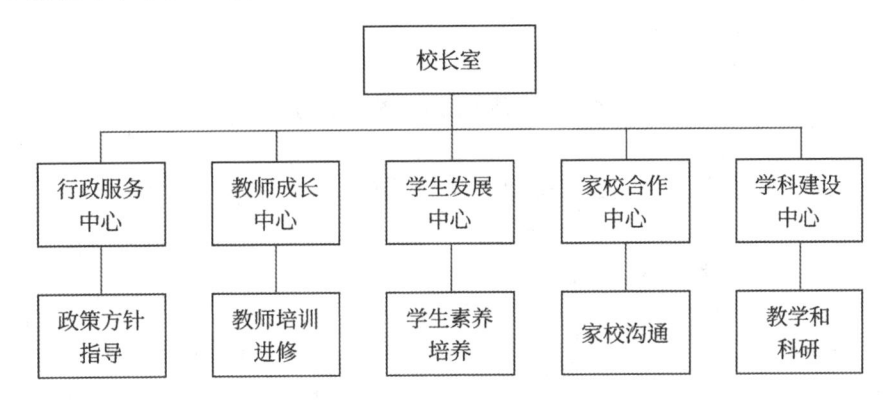

图4-6　学校管理框架图

（三）开启多元评价

制定慧美教师评价、绩效考核评价、绿美班级、学生评比和后勤人员评价等方案，确保方案清晰，过程完整、精细，流程畅通，结果公正公平。教师多元评价的具体内容和方式如图4-7所示。

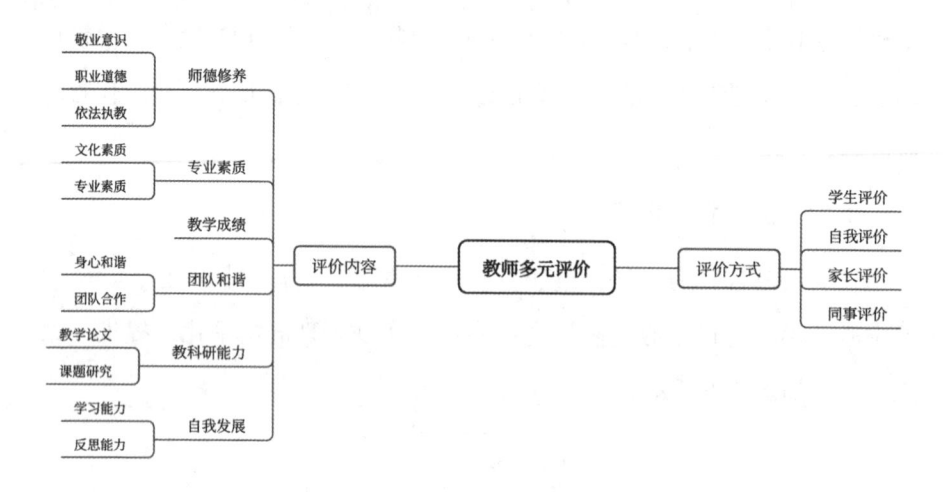

```
敬业意识 ┐
职业道德 ├─ 师德修养 ┐
依法执教 ┘           │
文化素质 ┐           │
专业素质 ┴─ 专业素质 │
          教学成绩   │
身心和谐 ┐           ├─ 评价内容 ─ 教师多元评价 ─ 评价方式 ┬─ 学生评价
团队合作 ┴─ 团队和谐 │                                      ├─ 自我评价
教学论文 ┐           │                                      ├─ 家长评价
课题研究 ┴─ 教科研能力                                      └─ 同事评价
学习能力 ┐           │
反思能力 ┴─ 自我发展 ┘
```

图 4-7　教师多元评价内容和方式

二、加强队伍建设，提高综合素质

（一）加强干部队伍建设

组建一支勤于学习、善于创新、甘于奉献、眼界宽阔、思路清晰、理念新颖、高效廉洁的干部队伍，形成一个善于领导、精于管理、优势互补、和谐团结的领导班子。逐步调整和充实学校干部队伍，让成绩突出的年轻教师走上学校中层岗位，促进干部队伍教育观念的现代化和层次结构的合理化、年轻化，发挥年轻干部的活力和朝气。

（二）加强班主任队伍建设

健全完善《班主任工作考核制度》，规范班主任的教育行为。通过理论学习、经验交流、参观学习、以老带新等培训途径提高班主任的理论水平和教育能力。

（三）加强骨干教师队伍建设

把骨干教师队伍建设作为学校的工作重点，纳入学校的工作计划、工作日程和办学规划。营造积极向上的工作氛围，提高全体教师思想政治素质和职业道德修养，促进骨干教师队伍的形成。

1. 开展青年教师基本功竞赛活动

举办学科教学基本功竞赛活动、课堂教学评优活动，提高教师专业技能，使骨干教师在实践中得到锻炼与提高。

2. 创造条件让骨干教师"走出去、带回来"

选派优秀教师参加市、镇骨干教师培训班，要求外出培训学习的教师把经验带回学校，写一篇学习心得体会，作一节汇报课或专题辅导，共享学习成果，共同进步，共同提升。

3. 为骨干教师搭建展示平台

积极争取市、镇级上公开课的机会，把名师请进学校为骨干教师做重点指导。

4. 鼓励骨干教师著书立说

积极向各级各类报刊推荐发表教师的优秀教育教学论文，不定期将教师随笔、论文、教案、案例、反思等集结成册，指导教师学会总结经验、深入研究，展示成果。

5. 积极发挥骨干教师的示范作用

每学期安排骨干教师作展示课或进行教学辅导，让全体教师分享他们的先进理念和宝贵经验。

（四）加强教科研队伍建设

倡导科研"微"理念，开展分层分类科研，推动教育品牌的发展。组织教师参加校内外论文竞赛、评比活动，鼓励教师在报纸杂志上交流和发表文章，在各项教科研活动中，促使教师向科研型教师转化。

（五）培养特色教师队伍

围绕学校的"四维课程"，寻找校外合适的优秀师资，建立学校特色课程。

三、完善课程建设

围绕"用绿韵浸润学子之心，让生命在绿韵中升华"的办学理念，开发了"四维课程"——学生课程、教师课程、家长课程、后勤课程，如图4-8所示。

图4-8 学校的"四维课程"

（一）学生课程

以"绿教育"为核心，多方位开发学生课程，致力培养学生的核心素养和关键能力。在完成国家课程的基础上，开发全体学生共同参与的拓展课程——校本课程，开发培养学生多种兴趣爱好、促进学生个性发展的探究课程，如图4-9所示。

第四章 走近谢岗中心小学教师发展现场

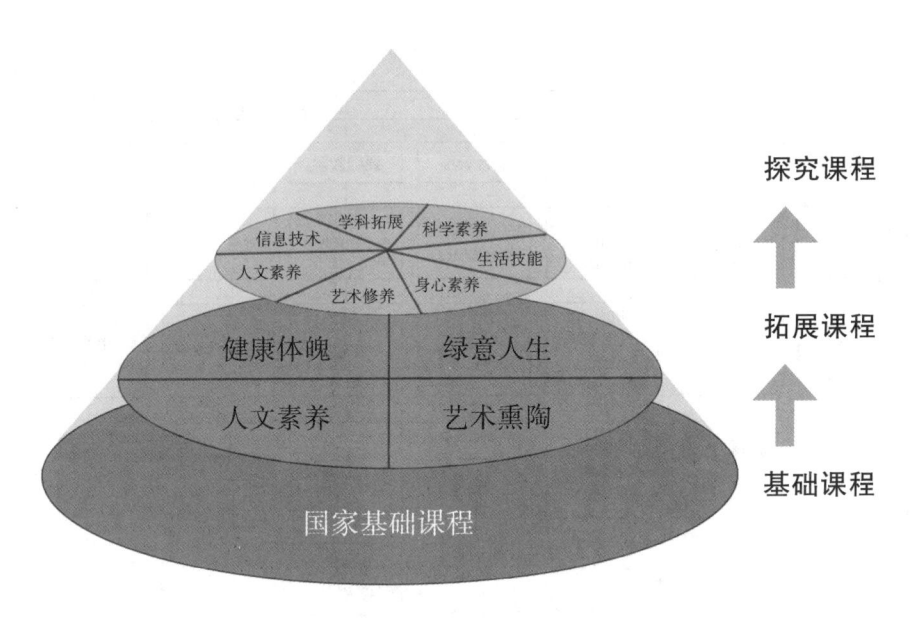

图 4-9 校本课程示例图

学校经过多年的探索与实践，开发了《课外阅读，寻找绿魂》《绿动绳操，健康人生》《一人一艺，奏响绿韵》《绿护平安》四个校本课程。从人文素养、艺术熏陶、健康体魄、绿意人生四个方面增加"绿色环保课程体系"和"生命课程体系"，形成学校高品位发展的品牌校本课程，如生命课程体系中的《认知自己，成就生命》，绿色环保课程体系中的《节能环保，绿色生活》，如图 4-10 和图 4-11 所示。

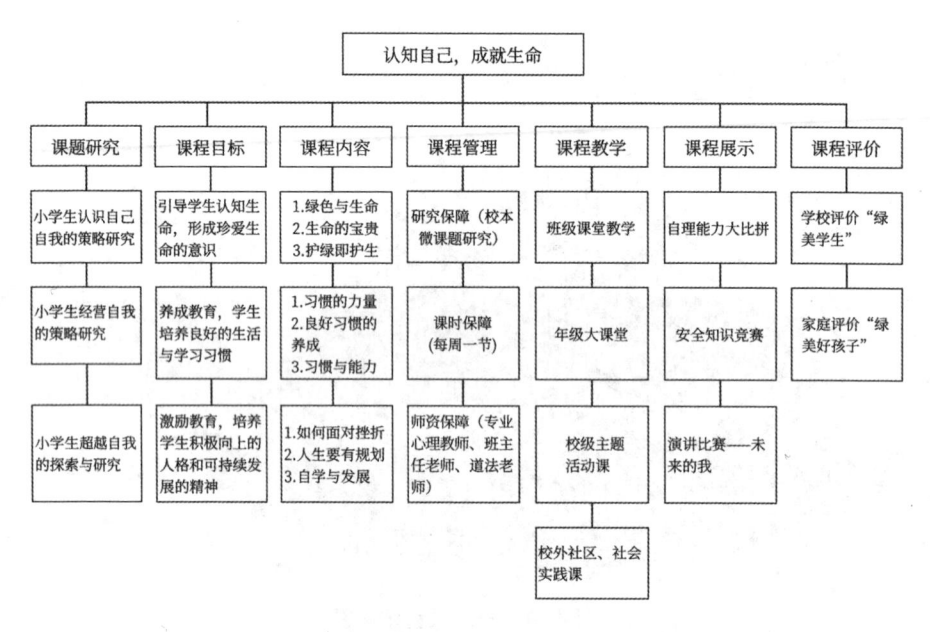

图 4-10　品牌校本课程——认知自己，成就生命

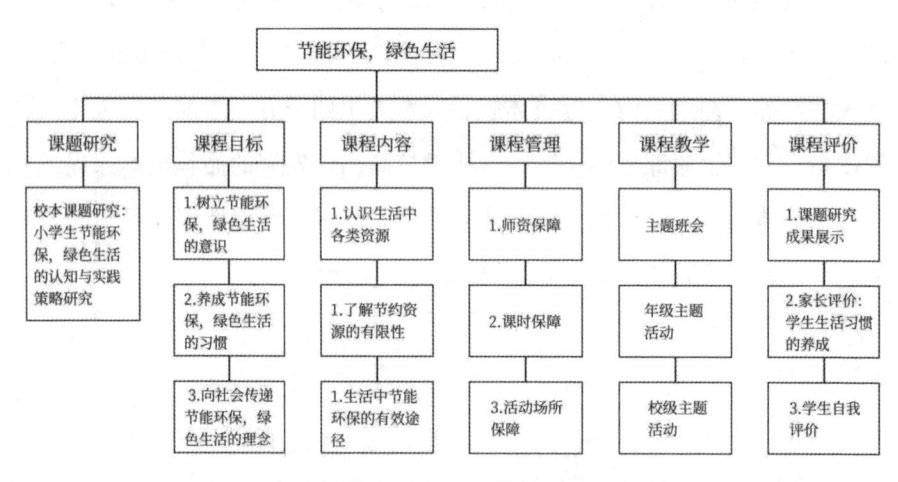

图 4-11　品牌校本课程——节能环保，绿色生活

（二）教师课程

为适应社会发展和教学改革的趋势，教育部颁发了《中国学生发展核心素养》，提出学生终身发展需要的关键能力和素质，对当前小学教师的

整体素养提出了新的要求。小学教师必须具备先进的教育教学理念，以学生的素养发展需要为核心开展教学活动，还要具备深厚的人文基础，能够营造浓厚的人文成长氛围，为提升学生的人文修养建造平台，又要具备科学创新的精神，为启发学生创新思维和反思能力作准备。这就是"绿教育"中"慧美老师"的要求。

1. 注重"生命体验"的教育课程

生命体验教育课程直接面向教师教学中的主体——学生。一方面让教师关注学生的生命世界、生活世界、生长世界，思考教育的深层意义，从而形成高水平的教育专业热忱；另一方面，学生核心素养强调"健康生活"，教师要具备引导学生欣赏自己生命、珍惜自我存在、灵活应对生命变化的能力。生命教育课程包括生命健康教育、生命安全教育、生命生长教育、儿童生命教育案例分析和儿童心理健康调适等课程。生命教育类课程让教师深度体验小学生的心灵世界，发现教师职业的特殊价值，实现教师的专业精神成长。

2. 关注"职业成长"的实践课程

实验研修课程重在提升教师的教学操作能力，实践课程包括校内实践、校外实践。设立兴趣实践课程，让教师在全面发展的基础上拓展自己的兴趣爱好，做到乐有所长。课程以专业选修的形式开设，以工作室的形式指导实践活动，开设儿童歌舞创编工作室、儿童剧编演工作室、儿童画工作室、儿童诗工作室、儿童心理辅导工作室等课程。

四、加强科研队伍建设，以科研引领"绿教育"发展

我校以科研引领品牌的广度和深度发展，倡导科研精准理念，鼓励教师发现问题，使问题成为课题，以科研兴教，提升教师能力。

（一）加大经费投入，确保科研活动有序开展

设立科研奖励制度，加大科研经费投入。开展校本微课题研究可获得2 000元研究经费，开展镇级课题研究可获得3 000元研究经费，申报市级课题研究且成功可获得5 000元研究经费，开展省级课题研究可获得8 000元研究经费。

（二）引进名师指导，课题研究活动深入开展

聘请东莞市中小学教师发展中心的张润林老师和郭鲲鹏老师为我校的科研指导老师。由指导老师对课题的选择、申报、开展等进行面对面的指导和适时微信在线指导。我校现有省、市级课题主持人13人，在研市级立项课题6项，学校对省、市级立项课题进行了深入研究，教科研深度融合，赋能"绿教育"。罗月秀校长主持的省强师课题《小学家长校本课程开发与实施的研究》培养了一批智慧家长，荣获东莞市第十七届教育成果三等奖，家校共育得到有效提升。

（三）推行校本微科研，科研成果丰硕

鼓励教师个人或两人以上组成微科研队，进行微课题研究。课题内容可以选取学科中的一个小问题进行研究，也可以从校立项的市级课题中选一子课题进行研究。研究周期可以为三个月或半年，研究成果可以用写反思、写总结的形式表现出来。我校立足课题研究，以研促教，近年来，师生个人及团队获镇级以上奖项2 300多项，其中国家级37项、省级619项、市级793项。学校成立了东莞市罗月秀名校长工作室，罗亦欢、张贵香、罗想珍、肖逸萍4个镇名师工作室；培养出全国生态教育校长1人、省书香校长1人、省校园阅读点灯人2人、高级教师13人、镇科研指导员、学科带头人、名师工作室主持人共10人，教师在专业发展上有质的飞跃。

（四）加强科研成果转化，为教学提供新动力

对已结题并获得市教育成果三等奖的语文市级课题《小学语文课外阅读有效性的策略研究》，鼓励课题组成员对研究成果进行推广，将科研成果转化为教育教学力量，真正做到以研促教。我校用心围绕课题研究促品质课堂生成，开展一系列教研活动促质量提升，在"青蓝工程"、名师工作室、横向教研、青年教师亮相课等教研活动中，巧用名师先进的教育思想和教学理念影响新一代教师，将名师优秀的教学经验分享给青年教师，使他们在多元理论的指导下，迅速、健康、茁壮地成长，打造"慧美教师"团队，培养了一批"智慧型"教师。

2003年10月，我校又立项3个市级课题：《新课标背景下小学劳动教育与中草药科普教育融合的实践研究》《CLIL理念下依托绘本阅读开展小学英语跨学科教学的实践研究》《"双减"政策下依托地方"红""绿"文化特色少先队组织发挥作用研究》，并如期开题，有序推进。3个市级在研课题《小学家长校本课程开发与实施的研究》《集团化办学背景下基于"绿教育"理念的劳动教育校本课程开发的实践研究》《指向核心素养的小学语文口语交际教学策略研究》等课题进入深度研究阶段，并取得一定成效。

五、强化家校沟通

（一）完善家委会建设

对原有的家委会进行改进提升，成立"绿护幼苗家委会办公室"，完善家委会组织机构（如图4-12所示），建设三级家委会，设立正副会长、宣传队长、组织队长等职务。健全管理机制，制定"绿马甲家长志愿者护卫队"轮值制度、家长陪餐制度、家长督学制度、家长学习考勤制度等。使家委会

参与学校管理，为学校发展提供宝贵建议，为学生的安全保驾护航。

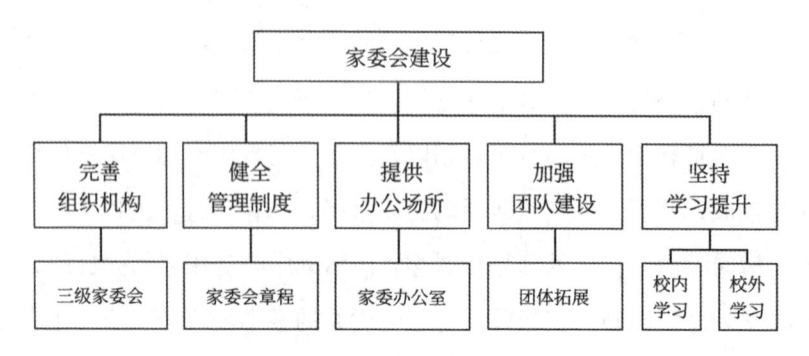

图 4-12 家委会组织机构图

（二）办好家长学校

做好省级课题《小学家长学校校本课程开发与实施的研究》的探究，编撰出版家长家庭教育的校本教材《重塑孩子成长课——一本写给家长的育儿书》，培育本校的家长学校教师，开设家长知行学堂（如图4-13所示），通过校长课堂、专长指导等方式使家长与学校的教育理念相契合。

家长学校（知行学堂）														
知			行								赏			
持证上岗	专家指导	校长课堂	阅读成长	爱心护绿	绿甲聚焦	家庭课堂	阳光领跑	校园督学	心性义馨	劳动光荣	公益服务	与生共乐	评赏在线	绿甲璀璨			
				家长轮流校门护岗	全校家委会交流	绿护幼苗静待花开家长课程	阳光体育	开放课堂	个性课堂	班级文化建设	校外义工和慰问敬老院	亲子同读亲子绿韵绳操	学校公众号公布	最美绿甲志愿者	最美护绿使者	和谐家庭	绿美班级委会

图 4-13 家长知行学堂

（三）开辟多种沟通渠道

保持线上沟通渠道，充分运用班级微信群、QQ群、钉钉群，促进家校互动，引领家长和学校共同培育学生。开展千师访万家活动，让教师走进每一个学生家庭，让每一位家长都与教师进行面对面交流，增进感情，促进沟通。定期举行全校家长会，构建家校共育的绿色通道。开展校园亲子活动、研学活动、校园督学活动等，让家长参与到学校教育管理工作中。

六、强化品牌宣传

教师通过家访、家长会和微课掌上通等平台积极向家长宣讲，校内利用红领巾广播站、宣传栏、黑板报、文化墙等各种载体，向全校师生和家长渗透"绿教育"教育思想，营造良好氛围。学校定期举办"绿教育"宣传活动，通过校际观摩、沙龙、论坛和研讨会等方式向社会展示多年的实践成果，示范引领更多学校加入"绿教育"实践，使"绿教育"品牌深入人心，通过评选"绿教育"形象代表，进行形象展示，提升学校教育品牌的知名度，形成良好口碑。学校在国家级、省级刊物上宣传"绿教育"品牌，充分利用现代信息技术，通过学校网站、公众微信号、广告宣传片、新闻报道等方式提高学校在电视、报纸、杂志和电视台等媒体的曝光率和传播率，实现多个媒体的联动传播，推广学校"绿教育"品牌。设立家长开放日，组织绿美教育系列公益活动，引进校外重大活动到学校举行，邀请教育主流媒体多维度立体宣传"绿教育"品牌，让"绿教育"品牌走进千家万户，引起社会更多关注，形成良好口碑。

经过多年的努力实践和教职工的共同努力，谢岗镇中心小学扎实落实各项"绿教育"理念措施，不断完善各项管理制度，强化队伍建设，完善各项课程设置，已取得显著成效。未来，我校将继续按照上级主管部门的统一部署，统一思想、振奋精神、苦干实干、奋勇前行，突出绿韵先行、强师提质，努力实现"学有优教"，为全镇教育高质量发展贡献中心小学力量。

第五章 谢岗中心小学教师发展的研制过程

教师发展是教师实现人生价值的过程,是教师在深刻认识教育意义的基础上,不断提升精神追求,增强职业道德,掌握教育规律,拓展学科知识,强化专业技能和提高教育教学水平的过程。谢岗镇中心小学教师专业化发展的总体目标是:在全校教师中科学倡导学习与研究,强化教师的职业理想追求,使教师的教育观念、教育方式、教育行为以及角色意识等符合素质教育要求,符合新课程理念,让教师成为知识的传递者、道德的引导者、思想的启迪者、心灵世界的开拓者,以及情感、意志、信念的塑造者,实现教师全面、自主和可持续发展。

第一节 谢岗镇中心小学教师发展的目标确定

根据教师职业发展的一般规律,谢岗镇中心小学结合不同阶段教师的不同特点,在横向上以新教师入门、青年教师发展、骨干教师成才作为发展主线;在纵向上以目标引领、措施保障、评价激励作为支撑,努力构建一个促进教师专业发展的机制。学校以"青蓝工程"为载体,将教师专业发展分成五个阶段:入职期、发展期、骨干期、带头人期和专家期,为教师队伍的建设赋予能量。学校营造宽松、和谐的教育环境,创设浓厚的教研教学氛围,为青年教师的成长提供良好的环境支持,以积极向上的思想氛围和良好的学风、教风以及浓厚的学术氛围引领新教师快速成长。

一、入职期(称之为新手)(教龄1~3年)

谢岗镇中心小学精准施策,系统培养。学校根据新教师的成长规律,确立"系统培养,分段实施,名师引领,逐级提升"的指导思想,以提升新教师实施新课程的教育教学实践能力为重点,以专业培训与实践活动相结合为主要手段,以树立正确的教育理念、掌握科学的教育教学方法为目的,帮助新教师尽快适应工作岗位要求。学校精心遴选事业心强、具备良好职业道德修养、专业理论水平高、教育教学能力强、教育教学经验丰富的教师与新教师进行"师徒结对",指导新教师的教育教学实践,促使新教师快速成长。每年的新教师与市镇名师举行结对仪式,签订"结对协议",主管教学的副校长负责审核各学科小组制定的学科新任教师年度培训计划。教导处负责"师徒结对"活动的督促和检查,随时了解新教师参加国家、省、市、镇、校级培训的情况,以此作为考核新教师的依据。

谢岗镇中心小学定期考核验收培训结果及培训档案,组织新教师课堂教学技能研究活动,跟踪点评新教师的课堂教学,夯实教师基础,提升素养。学校搭建平台,助力教师成长,建立新教师成长记录袋及培训档案,为每位新教师建立新任教师成长记录袋,记录新教师接受培训指导的过程性材料和新教师教学能力变化成长的案例材料。

创设外出学习的机会,引导新教师学习先进的教学理念,结合自身实际工作,探索适合本校学生的教学方法,提高新教师的教学能力,为新教师提供展示才华的机会和平台。

　　学校要求新教师每学期在校内或教研组内至少上两节教学研讨课,并组织本教研组教师进行教学研讨和反思。谢岗镇中心小学以"自我剖析,转变角色"的主题教育引领新教师遵纪守法,恪守师德,按时参加各项教研活动,发挥主人翁意识。我校新教师认真学习新课程标准,钻研教材,在学校"结对师傅"和市镇"名师师傅"的指导下制订自我发展规划,分析自身素质和专业特长,明确教学研究方向,制定出相应的发展措施。新教师树立正确的课堂观、学生观、教师观和评价观,尽快适应新课程教学;初步掌握教学新方式、新技能、新手段,形成新的教育教学能力,缩短新教师的角色转换期。

二、发展期(称之为生手)(教龄3~6年)

　　本阶段教师发展的核心在于磨砺后技能,初显特色。经过三年的教学历练,谢岗镇中心小学的入职期教师已步入发展期,他们已然掌握各年级教材内容和教学要求,具备扎实的学科专业知识,能够运用心理学、教育学的基础理论指导教育教学实践,熟练掌握教育教学技能。他们拥有一定的教学经验和反思能力,且能在反思的过程中不断调整自身教学行为,在教育教学过程中初步形成个人特色。

　　我校处于发展期的教师能够时刻关注教育领域的最新动态,通过各种信息传播渠道广泛获取现代教育教学信息和教育教学改革经验,进一步强化教育理论学习。发展期教师时常主动更新观念,学习新知,在教育教学和日常生活的点滴中,有意识地培养并强化自身的创新精神,创造性地开展教育教学工作,不断提升自身的创新能力,为成为骨干教师奠定基础。

　　谢岗镇中心小学秉持导师引领、教学相长的理念,根据各学科特点,以学科备课组为单位,组织开展"常规教学"和"优质课教学"的"教学双优"

活动，通过教学常规研究、教学问题研究、新课程研究三个层次的研讨活动，为教师的成长搭建起发展的阶梯。其次，学校狠抓教学常规，着重在备课与上课、作业与辅导、听课与评课等方面予以指导。新教师成长为富有智慧的优秀教师，需要实践经验的积累、科学的反思探索，以及外部的支持和帮助。学校继续实行"青年教师导师制"，为每位新教师安排一位经验丰富的骨干教师作为导师，在教学工作、班主任工作、校外工作中进行"知、能、操、行"的"传、帮、带"，实现习惯革新、知识革新以及管理革新，促使发展期的教师能够尽快成长。学校依托教研，引领发展期的教师渐入佳境。在校本研究的实施过程中，充分发挥我校的学科带头人和高级教师等资源优势，实行定人、定时间、定目标，实时跟踪，加速我校师资队伍的整合和教育教学素质的提升。一是以"老"带"新"。新教师与科研能力相对较弱的教师，向老教师与科研能力相对较强的老师拜师学艺，以提升教师队伍的整体素质。二是结对子。通过研究课、观摩课，让教师自主探究在授课中的优点与不足，使具有不同教学特色的教师结成对子，相互取长补短，逐步完善自己，迅速成为教学和研究的骨干。

三、骨干期（称之为熟手）（教龄6～8年）

本阶段教师发展的重点在于名师引领，共研共进。谢岗镇中心小学继续选派具备丰富教育教学经验的高级教师担任导师，从理论学习、教育科研、学科教学、班级管理等方面予以指导，助力他们在学科教学和班主任工作中形成自己的风格。

我校骨干教师具备较强的教科研能力与相应的研究成果，且带教青年教师能力突出，被带教者成长迅速，成为骨干教师。学校教师培训主要采用在职学习、集中培训、师徒结对、请进来、送出去等形式，从实际出发，根据不同情况，多渠道、多层次、多形式地开展培训工作。通过举办培训班、研讨班、学术讲座、教学经验交流、专题研究以及有计划、有组织、有指导、有考核等多种方式，搭建多维平台，引领教师快速成长。发挥学校现有条件优势，采用各种措施与形式，鼓励进入骨干期的教师积极开展自主学习和自我进修。组织青年教师学习新的教育教学理论和现代教育技术，拓展青年教师的视野，不断提升他们的教育教学理论素养和运用现代教育技术的能力。利用多种途径和形式，开展青年骨干教师的技术教育培训，在提高他们学历层次的同时，着重提高其理论水平，不断更新青年教师的知识，构建新的知识体系。利用多种途径和形式，加强与知名学校的交流，采用"请进来""送出去"的方式，相互间进行教育、教学信息的交流与沟通，开展青年骨干教师培训。拓宽渠道，采取各种有效措施培养青年教师的科研能力，促使其尽早成为科研型的教学骨干。各教研组的骨干教师要定期举办公开课，供青年教师观摩学习，充分发挥本校教师的辐射作用。学校通过加强青年骨干教师的理论培训及组织青年教师开展一些微型科研课题的研究，让青年教师学会选题、设计研究方案、撰写教学个案、开展调查研究和行动研究等，建议青年教师写教后记，逐步养成自我研究的习惯和能力，做到"六会"，即教学理论会运用、教学专题会研究、教学经验会总结、教学模式会提炼、教学观摩会评价、教学风格会创造。常训练，树典型。学校定期举办青年教师教学基本功大赛，要求青年教师每学期至少上一节研究课、一节汇报课，每学期撰写一篇教育教学论文，每学年举行一次青年教师优质课大赛。学校对具有发展潜质的青年教师进行重点培养，通过压担子，优先给予外出学习机会等手段促进其尽早成熟，成为学校的骨干教师。

四、带头人期（称之为能手）（教龄 8~10 年）

本阶段的教师已具备扎实的专业基础，且教学成效显著。学校要求进入带头人行列的教师需具备扎实的专业基础知识和教学基本功，灵活运用教学方法，全面掌握所教学科的教学大纲、目标、任务、方法，以及课程体系、课程标准、教材内容，并熟练运用于教学的全过程，准确指导教学和处理教材，教学中务必凸显我校及本人特色，承担校级及以上教学观摩课、示范课、公开课等，圆满完成教学任务，并获好评。

作为带头人教师，应具备较强的研修能力，不断学习，因材施教，注重培养学生的创新精神和创造能力，善于组织管理教育学生，了解学生心理及学习状况，担任班主任工作期间，所带班级班风正，学风浓。学科带头人教师积极投身教育教学研究、学术交流，具有较强的教研意识和能力，在校本研修、教学研究等方面取得良好成效，获市级奖励或在省级以上刊物发表学术论文1篇以上；在校级以上刊物发表具有一定特色的教育教学经验或教育科研论文1篇以上，在对本校中青年教师的"传、帮、带"中成绩显著；能承担教师继续教育培训的授课任务，所带中青年教师教学水平及能力提升快，能在所教学科的教研工作中发挥带头作用，拥有丰富的教育教学实践经验，教育教学效果优良，并努力探索和创新；协助学校制定教育规划，承担校级（含校级）以上研究课题及相关学术讲座，推广先进教学成果，并进行本学科教学研究，深度教研，行稳致远。

在学科教学中起带头作用，每学期听课不少于20节，每学期至少上一次示范课或观摩课，形成独特的课堂教学特色。组织开展多种形式的理论培训活动，每月召开一次带头人教师会议进行理论学习。协助学校拟定本校教科研规划并进行教科研指导，对科研项目进行论证、评审、鉴定与推广。青年教师须不断积累自身的发展素材，按照要求向学校提供材料，如汇报课教案、说课稿、教育教学总结或论文、听课记录、教学反思、活动方案、学习笔记、小课题研究材料等。学校根据实际情况制定量化标准，予以量化评估，及时总结反馈，督促青年教师不断提高要求，提升素质，最终实现教师队伍的整体发展。

五、专家期（称之为高手）（教龄10年以上）

本阶段教师发展的重点在于学高为师、身正为范。谢岗镇中心小学要求进入专家期的教师能够准确地传承文明、科学的启迪智慧、真挚地感悟人生，引领学生追求至真、至善、至美。工作中见微知著、明察秋毫、及时指点、耐心帮助，善于捕捉、及时鼓励，以促进学生的成长。教育无小事，事事为育人；教师无小节，节节皆楷模。

作为专家型教师，必须规范自身言行，学为人师，行为世范，心中永远装着学生，开发学生潜能，促进学生个性全面发展，为学生的生动活泼发展撑起一方蓝天。

专家型教师要学会志远、认真、合作、学习与研究。创新研究，独树一帜。专家型教师不是传声筒，将书本的内容口头传达，也不是照相机，简单复现现实，而是艺术家、创造者。

专家型教师应具备创新意识、创新精神和创新能力。即对教育发展具有前瞻能力，能迅速感悟、准确判断教育过程中可能出现的新趋势和新问题；具有教育智慧，能及时把握教育时机，根据实际环境选择和决策，调节教育行为；尊重科学，不盲从和迷信权威，具备创新的教学模式、教学方法和新颖的教学内容；善于进行科学研究，能创造性地将新思想、新观点、新方法融入自身的思维模式和工作模式，对解决问题有独特的见解和主张。勇于实践，敢于创新。

专家型教师既要以先进的教育理论指导实践，又不能墨守成规；要审时度势，根据不同情况灵活运用，甚至另辟蹊径、独创一格。博览精取，成就名师。

专家型教师在实践中凝聚生成教育智慧：认知结构、专业精神和教育能力，彼此联系、相互影响、有机渗透，形成统一整体。专家型教师具有以下特点：①丰富的特定领域专门化知识。②高效率解决教学领域问题。③善于创造性地解决问题，具备敏锐的洞察力。④完善的教学管理能力。⑤过硬的个人教学能力。专家型教师是师德的表率、育人的模范、教学的专家。

每位教师的成长都要经历从不成熟到成熟的发展过程，教师的发展空间是无限的，成熟只是相对的。学无止境，每位教师都应在现代教育理念的指导下，构建新型专业知识结构，具备相应的专业能力，锤炼过硬的专业技能和素养，向专家型、学者型教师目标迈进。

谢岗镇中心小学"名师工程"遵循从实践到认识，再从认识到实践的认识论一般规律，培养工作坚持理论联系实际和实践第一原则；培养对象坚持在实践中学习理论，提高本领，从实践中提炼理论；培养出的名师坚持在教育教学实践中发挥重要作用；构建高层次教育人才培养模式，需在实践中不断总结、修订和完善，以便科学地指导实践。

第二节 谢岗镇中心小学教师发展内容选择与组织

学校管理纷繁复杂、千头万绪，需要智慧与艺术，更需要掌握干好工作的方法。方法是为了达成某种目标而采用的路径、步骤和手段，是我们认识和改造客观世界的路标和明灯。校长和行政人员要善于将大目标分解为若干个小目标，每天给自己制定一个小的目标并完成；要能够对工作推进进行有效控制，使每一项短安排都能成为达成长计划、大目标的阶梯，做到长计划、短安排，方能真正实现工作实施的有序、有效，将"立即做"作为工作的座右铭并养成习惯，方能推进工作和事业的良好发展；保持长久的学习激情，方可提高工作效率，在学的过程中结合工作，在干的过程中感悟学习，相互启发促进，形成良性循环。要在学中干、在干中学，两手都要抓、两手都不误、结果两促进。

一、注重研究，规划发展

教师具备一定的知识积累后，还需注重调查研究，尤其是学校管理，不仅要实干苦干，更要巧干会干，让人心甘情愿地干。面对问题，科学处理。面临管理过程中的新情况、新问题、新矛盾时，必须在研究状态下处理和推进，要能提出解决问题的好点子、巧方法。

学校校长应善于借鉴他人经验，结合工作实际，做到身在事之中、心在事之上，把握大局，多谋善断，敢于拍板决策。确定目标，规划发展，教师应制定自我职业生涯规划，对影响专业发展的错综复杂的因素进行有效整合，使职业发展的道路更为顺畅，成功的机会更大。制定自我发展规划：①认识自我及所处的时间与空间环境。②审视发展机会，确定发展目标。③制定行动策略并按目标逐步执行。④评价发展计划。

在职学习与培训是更新、补充知识、技巧和能力的有效途径，可以为教师的专业发展提供机会。尤其是近年来兴起的"校本培训模式"，是一种效率高、操作性强的在职培训方式，它基于教师个体成长和学校整体发展的需要，由专家协作指导，教师主动参与，以问题为导向，以反思为中介，将培训与教育教学实践和教师研究活动紧密结合起来，以学校实际问题的解决来直接推动教师专业的自主发展。在职学习与培训应使教师养成持续学习的习惯，成为自己专业发展的主人。

二、精细管理，主动"补台"

谢岗镇中心小学秉持"事事有人做，事事抓落实"的总体工作理念，持续推进精细化管理。通过领导班子的精细分工，理顺学校工作关系，打造优秀的学校班子，加强学校团队建设，全面统筹学校各项工作，确保每一项工作都能扎实推进、落到实处。

优化管理，"分工不分家"。学校工作的完成离不开部门和个人的协作，需要做到分工与合作的有机结合，发挥"1+1>2"的效果。同时，要做到"主动补台"，补台并非盲目跟从，而是要发现工作中的问题和不足，敢于提出意见，修正计划，逐步完善。补台也并非无原则的迁就，对于涉及原则性的问题，要敢于"拆台"，这种"拆台"正是为了学校集体和教师团队的长远发展更好地补台。学校是一个集体，团结协作、主动补台不仅是一种工作方法，更应成为我们的品行操守和情怀胸襟。互相补台，方能好戏连台；互相拆台，则会一起垮台。

学校管理事务繁杂，需要全面把握、分步实施、统筹推进，要发扬钉子精神，将每一项工作做细、做透、做实，以足够的耐心和毅力应对工作和生活。教育管理应久久为功、绵绵用力、一抓到底，积小变为大变，实现呈变到质变的飞跃。

教师是学校发展的第一要素，新的课程理念、教材、课程评价观对现有的教育体系和新时代的教育工作者提出了更高的要求。新时代的教师要立足课堂，打造特色。①有效课堂教学应合理设计并充分实现课堂教学目标。②有效课堂教学应选择适宜的教学策略。③有效课堂教学应使学生处于最佳学习状态。④有效课堂教学应具备畅通的师生沟通渠道。⑤有效课堂教学应具备良好的课堂管理方式与技巧。

三、多维构建，完善机制

谢岗镇中心小学基于对绿色发展理念的科学践行，对本土生态文化的有力传承，以及对当代主流教育理念的校本诠释，确立了明确且坚守的办学思想。以"对每一位学生的终身发展负责"为办学宗旨，以"用绿韵浸润学子之心，让生命在绿韵中升华"为办学理念，以"做最好的自己，成就美好人生"为校训，以"心拥快乐，智赢未来"为校风，形成了中心小学特有的"绿泽心灵、育高尚人、创长青校"的精神；构建了一支具备"灵动和谐、潜心育人、勇于创造"特质的绿慧之师；培养了一批批具有"身心和谐、智勇双全、富有潜力"特质的"绿美少年"。学校开发了"四维课程"，开展了多维的社科普及教育活动，构建了"绿教育"品牌文化。

（一）以绿之约，优化管理

班级是学校的基层单位，班级管理是学校管理工作中的重要环节，它关乎学校的全局工作，直接影响校风校貌及教学质量的提高。管理与育人紧密联系，相辅相成。构建"管理、服务、全面、自我"的育人体系，促进学生全面发展，愉快地生活，使我校绿美学子立志成才，勤奋上进，营造教师乐教、学生乐学的良好氛围。学校围绕"绿教育"，完善各项管理制度，将各项制度汇编成《绿团队之约——中心小学学校管理制度汇编》，完善我校的规章制度，包括岗位职责制度、常规管理制度等；优化管理程序，以"绿教育"为指引，组建行政服务中心、教师成长中心、学生发展中心、学科建设中心、家校合作中心，实现管理的扁平化。以先进的理念构筑学校精神文化，以科学的态度构筑学校制度文化，以丰富的内涵构筑绿韵文化，真正使学校凸显出一种清风雅气。

（二）绿韵课程，独具特色

学校在坚持国家课程基本要求的基础上，结合学校的实际情况，基于学生个性发展的需求，充分挖掘地方资源和学校资源，以"绿教育"为核心，"绿韵课程体系"为载体，有效开发出"总领课程"系列及"特色课程"系列两大品牌课程及60多种包含"绿色身心、绿色品行、绿色学问、绿色思维、绿色才艺、绿色气质"六大素养的"绿韵生态课程"，开发并编印了《课外阅读，寻找绿魂》等7本校本拓展教材，科学融入学校阳光社团的多彩活动中，有效深化了学生对中华传统美德的理解和感悟，形成了我校特有的绿韵文化。以多样化、优质化和均衡化构建"绿教育"品牌学校，我们创新完成养成教育的校本教材——《绿美手册》的编撰，按一至六年级划分共六册，每册列举相关主题的10个目标（家校各5个养成目标）。学生在学校的六年时光里，灵动养成60个行为好习惯。科学地将养成教育融入绿韵课堂、绿韵主题班会、绿韵社科普及活动、绿韵习惯自省课、绿韵少先队主题活动等，引导学生坚持做到习惯养成日日践行、周周自省，使学生将文明习惯内化于心、外化于行。学校多次召开校本课程的研讨会，教学观摩课、"备课—说课—上课—评课"活动扎实开展；"个人研修学习—年级汇报课—全校展示课"等活动有声有色。不仅增进了不同年级之间的横向交流，而且使教研资源得以共享，增强了全体教师参与校本课程开发与实施课程改革的信心。优化课堂，使我们的课堂充满清新的气息，有了灵动的色彩。课堂回归自然，浸润文化，又进一步提升了"绿教育"的内涵。

（三）家校协作，智创"绿道"

家校合力，同促学生发展，共建学校"绿教育"。为使家校沟通更为顺畅，让家长更全面、深入地了解学校的情况，我校从多方位拓宽了家校沟通的渠道——绿色通道。近年来，谢岗中心小学将办好家长学校作为创建人民满意学校、培养合格优秀人才、提升办学水平的突破口。经过探索，逐步形成"三三式"家长学校办学模式（如图5-1所示），即"三纳机制"（纳入工作计划、纳入常规管理、纳入考核体系）、"三性原则"（课程的科学性、教学的针对性、形式的多样性）、"三化模式"（教学安排系统化、教学活动制度化、教学管理规范化），探索出家长教育的新途径和新方法。

```
                    "三三式"家长学校
           ┌──────────────┼──────────────┐
        三纳机制         三性原则         三化模式
           │              │              │
        纳入工作计划    课程的科学性    教学安排系统化
           │              │              │
        纳入常规管理    教学的针对性    教学活动制度化
           │              │              │
        纳入考核体系    形式的多样性    教学管理规范化
```

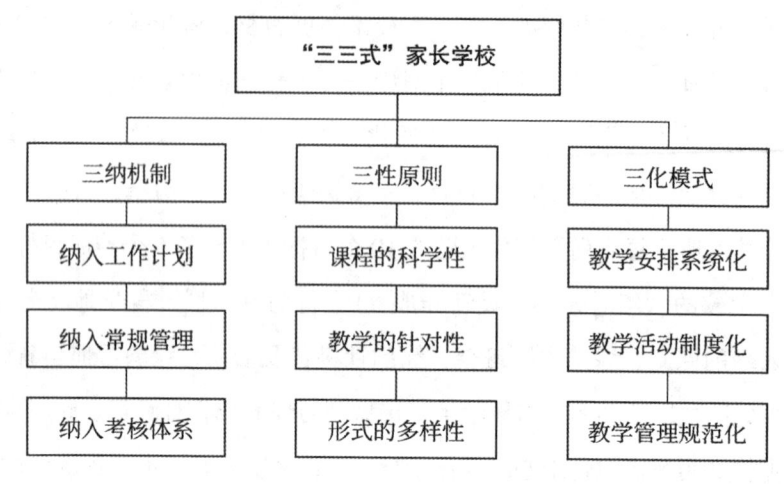

图 5-1　"三三式"家长学校

谢岗中心小学凝心聚力，砥砺深耕，丰富"绿教育"内涵，笃行致远。学校以罗月秀市名校长工作室为阵地，扩大名师团队，打造"慧美教师"队伍，推进品质教育；构建家校社三维智慧沟通体系，依托家长学校，培养智慧家长；巩固"双减"成果，探索全新育人模式，奏响"绿教育"新乐章。

第三节　谢岗镇中心小学教师发展实施的决策

为适应教育改革发展的需要，结合我校实际，加快师资队伍建设，扎实推进素质教育，谢岗镇中心小学将教师专业发展视为推动学校跨越式发展的一项基础性工程。基于此，我校明确以校本研究为根本方式，以提升教师专业知识、专业能力和专业品格为核心，通过学科带头人、教学能手带动，全面提高教师专业知识、基础理论和教育教学技能的实际能力，进而推动教师素养的整体提升。

第五章　谢岗中心小学教师发展的研制过程

一、学校总体决策，厘清发展思路

谢岗镇中心小学教师专业化发展的总体目标为：专业知识提升，专业技能娴熟，专业情意健全。以三年为一个发展周期，以一学年为一个发展阶段，以工作立项和项目措施为达标保障，追求教师专业发展与学校发展、学生发展相统一，确保各项措施、立项、方案责任明确、监控有力、落实到位，逐步完善教师反思策略、管理策略和教师专业发展评价体系。教师结构与素质项目目标为：建设一支能够适应学校办学目标要求，实施素质教育，结构合理的专业教师队伍。

二、各司其职，有效推进

谢岗镇中心小学实施"三项工程"，促进教师专业发展，提高教学质量。实施师德建设工程，建立健全"五维"师德监督体制。构建由学校领导、教师、学生、家长和社会组成的民主监督体制，加强依法治校、民主治校、文明执教的制度建设，使教师通过法定形式和正常途径参与考核评价，实现自我检查、自主提高的"内化"境界，进而健全教师专业素养，有效落实"三风"建设工程，营造奉献的环境和氛围。学校将奉献作为校风、学风、师风建设的核心和灵魂，实行科学、民主管理。紧紧围绕"初心与使命"的师德教育主题，加强教师职业理想和幸福观的意识，正确理解当前社会发展、教育发展的现实，运用辩证科学的思维思考问题、解决问题，引领教师树立敬业精神、奉献精神、求真精神、创新精神和爱生情怀，提升教师的人格素养，增强教书育人的主动性。科学实施教师全员培训工程，熟练掌握专业技能。校长室、教导处负责校本培训、教师教学基本功考核方案的制定和落实，有计划地组织各种形式的交流学习、教育教学和教科研活动，促进教师创新能力、执教能力及实践能力的提升。通过培训，使教师能按照新型人才培养模式的要求，改革教学方法、手段，创新培育新时代新人。

三、学科融合，有效落实

谢岗镇中心小学依托各学科教研组的建设，创新开展丰富多彩的教研活动，有效促进教师专业素养的发展。

多样研讨，融合提升。首先，开展专题式研究。通过现代教育技术运用、学科教学研究等活动，进行专题式研讨和课题式研究，科学地将研究与促进教师成长有机结合起来，有效推进信息技术与学科教学的融合。其次，开展活动式教研。根据各学科特点，以学科备课组为单位，开展"常规教学"和"优质课教学"的"教学双优"活动，通过教学常规研究、教学问题研究、新课程研究三个层次的研讨活动，为教师的成长构建起发展的台阶。

名师引路启新程，薪火相传共成长，"青蓝工程"推进学校高质量发展。为充分发挥我校骨干教师的示范、引领和辐射作用，加快推进学校名师、骨干及青年教师培养，以实现学校教育、教学、教研可持续的高质量发展，我校创新开展"青蓝工程"教师队伍建设，实施"一对一"结对导师制，带教导师对青年教师的专业成长承担主要的指导责任（如表5-1所示）。

以科学方式，"五结合"的新样态，促进青年教师成长。学校灵活采取集中培训与差异赋能相结合、专业研修与实践练兵相结合、个别指导与一线带教相结合、校内跟岗与校外研修相结合、常态规培与以赛促训相结合；科学开展岗位培训、常规能力提升培训、导师带教跟岗培训、以赛促训等形式；推行"六项管理制度"：听评课促成长制度、青年教师风采展示制度、落实四个一制度、考核评价与奖励制度、会商分析研判等制度，促进"青蓝工程"持续发展，为"绿教育"注入新力量。

表 5-1　东莞市谢岗镇中心小学"青蓝工程"导师学员结对名单

序号	姓名	任教学科	带教导师	责任行政或领导
1	蒋文君	语文	莫秀娥	罗亦欢
2	朱雯慧	语文	罗佩芬	罗亦欢
3	欧伟思	数学	罗爱兰	谢丹丹
4	罗振斌	数学	罗月秀	罗月秀
5	张蕾	数学	罗月秀	罗月秀
6	朱一鸣	英语	谢雪丹	张贵香
7	吴奕珊	英语	朱秀妹	张贵香
8	古任定	体育	林东年	谭耀华
9	张蕾	数学	罗想珍	朱新良
10	古任定	体育	罗想珍	朱新良

教师成长和发展的关键在于实践性知识的不断丰富和实践智慧的不断提升。教师必须树立终身学习的理念，认真学习和掌握教育研究的科学方法和先进理论，不断更新知识结构；要做教学实践中的"有心人"，在教书育人的实践中勇于创新，使自己的课堂绽放灵动之光。

第四节　谢岗镇中心小学教师发展评价的设计

教师评价是对教师的现实或潜在价值进行判断的活动，其目的在于促进教师的专业发展并提升教学效能。教师评价需注重教师的专业发展，重视教师主体地位的发挥，强调全面性、分析性及内部导向。谢岗中心小学通过科学运用客观标准、科学方法和规范程序对教师工作进行全面的价值判断，实现教学评一体化，进而促进教师专业素养的提升，以教师队伍的整体发展推动学校的高质量发展。

一、课堂评价

谢岗镇中心小学语文、数学、综合实践品质课堂评价内容如表5-2、5-3、5-4所示。

表 5-2　谢岗镇中心小学语文品质课堂评价表

评价项目一级	评价项目二级	评价要素	分值	得分
教学评价 40分	教学理念	热爱、尊重、信任、赏识学生；准确把握引导者、组织者、合作者、促进者的角色定位；展现完整有效的课堂	5	
	教学目标	教学目标基于学情，明确、可操作性强，符合课标要求和学生实际，学段重点突出；体现工具性和人文性的统一。体现语言文字运用和方法的教学	5	
	教学内容	从学生实际和教学要求出发，创造性地理解和使用教材，精心选择、组织教学内容；突出重点，突破难点；重视并恰当开发利用课程资源，注重学科技知识的整合；课堂容量、密度适宜	10	
	教学过程	思路清晰，重点突出，节奏合理；创设激励学生学习的情境；教师、学生和文本的对话有量、质保证；教学真实有效，预设到位，生成精彩；注重学法和习惯培养；因材施教；教学方法手段真正服务于教学；评价多元，针对性强	10	
	教师素养	课前准备充分，基本功扎实，有一定文化积淀；教态大方、有亲和力；有一定教学机制，具有较强的应变能力；关注不同层次学生的表现，及时、准确、富有激励性的进行评价；教学态度认真，有个人特色	10	
学生学习评价 60分	参与状态	学生全员、全程、积极主动、饶有兴致地参与学习。学生善于倾听、合作、交流，勇于发表自己的见解，思维活跃，共同进步。保证课堂1/3以上的时间学生自主学习，1/3以上的学生得到展示与提升	10	
	思维状态	学生围绕文本能自主阅读、积极思考、质疑探究；阅读经历由整体到部分再到整体的过程；围绕重难点进行有效的分析与讨论，见解有价值、有个性、有创意；拓展应用、发散思维恰到好处	10	
	语文实践	学生活动"语文味"十足，有助于语文素养的提升；读书、感悟、探究、积累、运用等语文实践活动贯穿始终，形式多样、扎实有效；听说读写训练落实到各个环节，训练严格规范，注重基础，提升能力	15	
	习惯养成	在学习的全过程中，学生注重良好学习习惯的养成，不良的读书、写字、倾听、表达等行为能及时得到教师的纠正	10	
	目标达成	90%以上的学生掌握必要的基础知识与技能，较为轻松地完成学习任务，并伴有满足、成功、喜悦等体验，对后续学习充满信心；不同层次学生的语文素养均有所提高，情感态度价值观得到发展	15	
总评			总分	

表 5-3 谢岗镇中心小学数学品质课堂评价表

评价项目		评价要素	分值	得分
学生的学习活动（60分）	参与程度	学习积极性高，思维活跃，乐于学习，有强烈的学习欲望；全班学生100%参与学习活动；90%的学生敢于提出问题并发表自己的见解；获得学习数学的成功体验	10	
	习惯培养	养成认真、勤奋的学习习惯；90%的学生具备倾听、思考、质疑、交流、合作等良好的学习品质	10	
	过程体验	在教师指导下，能自主开展操作、实验、观察、猜测、推理、验证等探究性学习活动；有足够的时间和空间开展探究活动	10	
	数学思考	积极互动，深入思考；师生、生生之间能进行深层次的对话与交流；提出的问题具有挑战性和独创性；能采纳他人好的建议，实现资源共享	10	
	学习效能	本节课学懂学会，知识技能扎实稳固；能运用所学数学知识解决实际问题；基本的数学思想得以体现，基本活动经验得以建立；学习效能高，当堂检测效果好，合格率达95%以上	20	
教师的教学活动（40分）	教学理念	教学理念新颖，符合素质教育和新课程改革的要求；教师角色定位准确，组织者、引导者、合作者的作用落实到位；正确处理教与学、知识与技能、过程与结果之间的关系；以学生为本，尊重学生，关注学生自身的可持续发展，具有宏大的数学教育观	5	
	教学目标	在调研学情的基础上设定符合课标、教材要求的教学目标；目标含知识技能、数学思考、解决问题、情感态度四个层面；目标具体、明确、恰当	5	
	教学内容	正确领会教材编写意图，创造性地使用教材，合理开发教学资源；内容安排合理，重点突出	5	
	教学过程	落实"创设情境，提出问题——自主学习，小组探究——汇报交流，评价质疑——抽象概括，总结升华——拓展应用，巩固提高"五环节教学模式；教与学活动安排合理，为学生提供充足的探究、交流的时间与空间；教学方式灵活且富有新意；合理运用现代化教学手段；正确处理预设与生成的关系	15	
	教师素养	课前准备充分，工作态度积极；教态亲切和蔼，富有激情；普通话标准，语言简练准确，富有启迪性；知识面宽广，教学技能娴熟；板书规范美观	10	
总评			总分	

表 5-4　谢岗镇中心小学综合实践品质课堂评价表

评价项目			评价要素	分值	得分	小计
教师教学评价（50）	教学设计（18）	教学目标	符合课程标准的要求，符合学生的认知规律和年龄特点，关注学生的起始基础和个性差异	3		
			做到知识与技能、过程与方法、情感态度与价值观三维目标的和谐统一	3		
		教学内容分析	阐释清晰，重点、难点突出，注重知识的整体建构	2		
			深入挖掘教材，实现情感态度与价值观、知识与技能、过程与方法的同步提升	2		
			内容适当延伸，联系学生生活经验、社会热点及科技发展	2		
		教学策略	根据不同类型的课程，采用有针对性的课堂教学模式或结构。设计并灵活运用针对性的教学策略；根据学情分析，指导学生运用适宜的学习策略	3		
		教学环境	能够熟练运用网络资源和多媒体课件辅助教学；综合使用学具、教具、现代教育技术等各种教学媒体，实效性强，实现媒体与学科教学内容的有机融合	3		
	教学实施（22）	教学组织	情境创设优良，学生兴趣浓厚，教学重点突出	3		
			善于培养思维能力，设疑导思，质疑问难，适度发散	3		
		分层教学	根据学生的差异，注重培养学习习惯，指导学习方法	3		
			面向全体，分层教学，分类指导，学生全员参与	3		
		教学总结	能够引导学生适时进行学习总结，适时进行教学总结与概括	4		
		教学评价	使用发展性、激励性评价，使教学评价成为学生情感、知识、能力的增长点。教学训练精当，容量适度，学生知识与技能巩固良好	6		
	教师素养（10）	教师行为	充满热情，态度和蔼；尊重、爱护每一位学生，师生平等相处	2		
			课堂应变、调控能力强，具有适时调整教学走向的能力。大胆创新，机智灵活，教学有特色	2		
		职业素养	仪表端庄，充满激情，举止得当，语言规范准确，生动形象，逻辑严谨，板书工整美观，布局合理，重点突出	3		
			实验操作规范，能熟练使用多媒体教学工具	3		

续表

评价项目			评价要素	分值	得分	小计
学生学习评价（50）	课堂表现（20）	自主学习	学生学习兴趣盎然，动脑动手动口，具备科学有效的学习方法；思维活跃；主动探索，积极构建自己的认知世界	10		
	课堂表现（20）	合作与交流	善于思考，勇于提出问题，有独到见解和感受，并积极与他人交流	5		
			善于与他人合作；有联系实际，进行创新思维的意识	5		
	学习效果（30）	目标达成	依据"三维目标"确定评价标准，通过当堂检测，30%以上达优秀，75%以上达到良好，95%以上达到合格，即可认为实现预期的学习目标	30		
总分						

二、科研能力评价

谢岗镇中心小学教师科研能力评价内容如表5-5所示。

表5-5 谢岗镇中心小学教师科研能力评价表

姓名	性别		学历		学科		教龄	职称
评价指标	评价要点						教研组 A B C D	教导处 A B C D
教育教学实施能力	1.课堂氛围活跃有序；2.教育教学内容（信息）的呈现与交流，凸显学科特征；3.教育教学方式（方法）与手段的选择和运用适度有效；4.教育教学过程的调控与管理及学生活动的组织到位							
教育教学科研能力	1.对问题的发现及研究课题的确定；2.对教育科研基本方法的掌握及形成研究成果；3.在教育教学实践中对科研成果的运用和对实际问题的解决							
自主学习能力	1.教育理论素养；2.学科素养及学科知识；3.学科学习习惯和参加教师继续教育的情况							
教育教学特色								
综合评价								

三、评价案例——创新评价　智赢未来

我校正在实践中探究，改革学生评价方法，创新德智体美劳过程性评价办法，培养身心和谐、智勇双全的""绿美少年""，完善综合评价体系，促进学生学科核心素养的提升，增强学生综合素质，促进学生健康、智慧、快乐成长。我校改革低年级考试评价机制，开展了"慧趣星空"游园综合评价的实践探索。

【案例描述】

一、打造"慧趣星空"主题游园，创新综合评价内容

谢岗中心小学改革学生评价，以"慧趣星空"主题游园对学生进行综合考评，创新了综合评价内容。以"游园"活动取代考试，以过程评价替代终结评价，将传统的纸笔学业考试转变为适合低年段学生的"游园、激趣、益智"活动形式，运用开放式的动态评价对学生进行学习能力综合评价，强化所学知识的灵活运用，"探索星空、遨游宇宙"，意寓"知识广博、智慧无穷"，致力让孩子在愉悦的"慧趣星空"游园中探究与体验，感受学习的快乐，体验成功的喜悦，厚植家国情怀，培养学生善于探索、敢于奋斗的精神。"慧趣星空"游园综合评价内容丰富，形式自由，学科涵盖广，融合性强，妙趣横生，快乐无比。

（一）第一星空：探索"月亮之星"

第一星空"月亮之星"是一、二年级四个语文星空探索活动中的第一个游园探索项目。一年级主要考查本学期需掌握的生字，考查学生认读及识字的能力。二年级主要考查本学期所学的词语，考查学生对词语的掌握情况，要求发音准确，认读迅速，率先挺进第一星空"月亮之星"。

（二）第二星空：探索"金星闪耀"

第二星空"金星闪耀"，检测一年级学生这一学期课文朗读情况，学

生朗读方式、情感及朗读姿势等方面均作为观测点。检测二年级学生这一学期对所学课文以及语文园地内容的积累情况，主要考查学生对课文和积累内容的记忆以及运用情况，要求熟练背诵以及灵活运用，飞进第二星空"金星闪耀"。

（三）第三星空：探索"木星堡垒"

第三星空"木星堡垒"，一年级主要考查学生本学期课本上要求背诵的古诗词，要求能够熟练背诵。二年级主要考查学生本学期课本上要求背诵的古诗词的记忆和运用情况，要求根据提示背诵相应的古诗以及进行灵活运用。我们采用"转盘随机选题"，让孩子们充满趣味，在"诗意星空"智冲第三星空"木星堡垒"。

（四）第四星空：探索"水星之蓝"

第四星空"水星之蓝"，一年级主要测评学生看图说话，培养学生观察能力、倾听能力、说话能力及想象能力。二年级主要进行情景表达，培养学生倾听能力、情景反应能力及语言表达能力，孩子们在"画里有话"等探索中智进第四星空"水星之蓝"。

（五）第五星空：探索"火星之酷"

"慧趣星空"游园综合考评第五星空"火星之酷"是数理游园，共设置了三个数学探索项目，层层递进："初探火星""漫游火星""穿越火星"。主要围绕"口述能力""运算能力"以及"几何直观和空间想象能力"三大能力模块，各设计一二年段三种类型的游园项目内容，在活动与数学的协同作用下，以遨游"慧趣星空"游园活动的形式，评价学生的知识、技能掌握情况与素养水平，以"游"启智，以"游"激趣，以"游"提能，在意趣盎然中培养孩子们的科学思维与探索精神。

1. 初探"火星"

一年级学生抽取一张图形卡,使用七巧板摆出对应的图形;二年级学生抽取一张三视图,拼出对应的立体图形即可获胜。初探"火星"活动主要评价学生的动手操作能力、创新意识以及空间思维能力,锐意临界第五星空"火星之酷"。

2. 漫游"火星"

一年级学生抽取财富卡片,将财富卡片上的金额换算成等金额的人民币,主要评价学生对人民币的换算能力,让学生感受数学与生活的密切联系,体会人民币在社会生活、商品交换中的作用;二年级学生抽取数字时间卡片,正确拨出钟面指针,然后说出这个时间自己可能在做什么,主要评价学生的观察、实践应用能力,以及珍惜时间的意识和习惯,在快乐中漫游第六星空"火星"。

3. 穿越"火星"

一二年级学生拿到起点数字卡片后,边前进边跳格子并按照要求计算,最后得数正确者胜。主要评价学生对计算规则的掌握程度,培养学生的数感,增进对运算意义的理解,在探索活动中体会数感,就像探知"火星之酷"的秘密,顺利穿越第六星空"火星",飞向更广阔的天穹。

(六)第六星空:探索"土星光环"

第六星空"土星光环"是劳动、综合实践展示项目。学生可以展示在"绿美劳动周"中自己参加劳动实践活动的体会与收获(如表5-6所示);也可以拿自己在劳动周画片展中的精彩画片描述自己的劳动情景;还可以说幻想故事《我在土星种植的故事》,快乐探索"土星",创造属于自己的美丽"光环"。

表 5-6　劳动周实践活动内容

年级\劳动类型	"绿美劳动小能手"劳动实践内容参考			地点	自己评	家长评	老师评	负责人
	家务性劳动	生产性劳动	服务性劳动					
一、二年级	收拾整理书柜、衣物、洗袜子、择菜、摆放碗筷、饭后洗碗、协助家人收拾餐桌等		为同学们分饭、整理校园书柜、打扫课室等	家庭、校园	★★★★★	★★★★★	★★★★★	班主任、郭子梁
三、四年级	叠衣服、被子，整理衣柜和玩具柜、扫地或拖地、擦室内玻璃、洗菜、切菜、会做简单凉菜等	在学校阳光农场种植蔬菜、在家里栽花等	为同学们分饭、整理校园书柜、打扫课室、午休铺睡垫等	家庭、校园	★★★★★	★★★★★	★★★★★	班主任、罗亦欢
五、六年级	分类整理家庭书架，清洗茶具，独立烹饪一两道菜品等	在学校阳光农场种植蔬菜、在家里栽花等	为同学们分饭、打扫课室、午休铺睡垫等	家庭、校园	★★★★★	★★★★★	★★★★★	班主任、谢隐梅

（七）第七星空：探索"天王星"

第七星空"天王星"是科学探索游园项目。学生在教师的安全监护下现场做小实验、说感悟。小实验可以选择放大镜观察校园花坛的花儿、树叶，描述所思所想，或自主完成"水的浮力"、酸碱变色试验、自创小实验等。科学探究实验活动使孩子们对科学产生强烈的兴趣，遨游知识星空，幻想着有一天真的能勇探"天王星"呢。

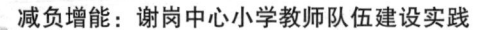

（八）第八星空：探索"海王星"

第八星空"海王星"是音乐探索游园活动项目。让学生选择一首自己喜欢的歌曲进行吟唱或自带节奏器（筷子、小瓷碗碟、不锈钢勺等）配合演奏，可以单独唱，也可小组唱，还可以自编说唱"音乐故事"，在自怡自乐的欢声笑语中"乐"探第八星空"海王星"。

（九）第九星空：探索"冥王星"

第九星空"冥王星"主要针对一、二年级孩子学习英语的年龄特点，激发学生说英语的乐趣和形成学习英语的内生动力，设计了"冥王星"口语达人游园探索星空项目，让学生在"看图说话"的趣味英语口语中感受学习的成功，遨游知识星空。同时，还有围绕课本的重要句型，在"师生趣话"中与教师进行一对一的趣味问答，将学过的内容记得更牢、更扎实，进一步培养良好的英语语感，提高学生的英语口语表达能力和交际能力，意蕴穿破第九星空"冥王星"，遨游宇宙。

二、优化"慧趣星空"游园综合评价办法

（一）设定"慧趣星空"游园综合评价等级

"慧趣星空"游园综合评价采用盖章等级评价方式，共设10个评价级别，与考评活动内容相呼应：一级"月亮之星"；二级"金星闪耀"；三级"木星堡垒"；四级"水星之蓝"；五级"火星之酷"；六级"土星光环"；七级"天王星"；八级"海王星"；九级"冥王星"；十级"宇宙传说"。等级评价成为有趣且可提升的评价体系。

（二）创设"慧趣星空"游园综合评价盖章方法

"慧趣星空"游园综合评价盖章方法见表5-7。

表 5-7 "慧趣星空"游园综合评价盖章方法

游园板块	游园项目	评价盖章方法				证书等级
		优秀	优良	合格	不合格	
语文探索游园	第一星空"月亮之星" 第二星空"金星闪耀" 第三星空"木星堡垒" 第四星空"水星之蓝"	每个星空3个盖章	每个星空2个盖章	每个星空1个盖章	无章	证书级别越高越优秀 十级：25个章以上； 九级：21-24个章； 八级：16-20个章； 七级：10-15个章； 六级：6-10个章； 五级：5个章； 四级：4个章； 三级：3个章； 二级：2个章； 一级：1个章
数学探索游园	第五星空"火星之酷"					
劳动、综合探索游园	第六星空"土星光环"					
科学探索游园	第七星空"天王星"					
音乐探索游园	第八星空"海王星"					
英语探索游园	第九星空"冥王星"					

三、构建"慧趣星空"游园综合评价模式

首先，根据"慧趣星空"游园综合评价方案，设置各个星空探索内容题卡、规则题板；其次，完善"慧趣星空"游园场景设施，如彩球拱门、九个星空背景；再次，设计、制作"慧趣星空"游园综合评价探索卡、等级证书；最后，合理安排游园活动各个星空的负责人及各种工作人员（如图 5-2 所示）。

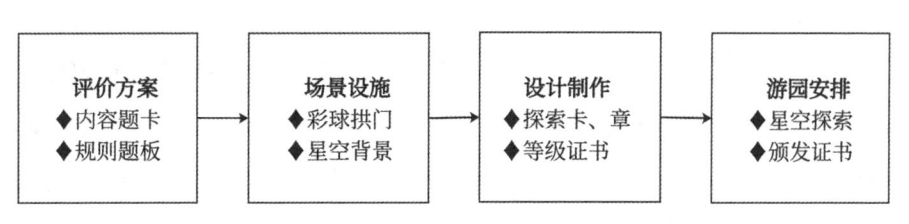

```
┌─────────────┐    ┌─────────────┐    ┌─────────────┐    ┌─────────────┐
│  评价方案   │    │  场景设施   │    │  设计制作   │    │  游园安排   │
│ ◆内容题卡  │ →  │ ◆彩球拱门  │ →  │ ◆探索卡、章│ →  │ ◆星空探索  │
│ ◆规则题板  │    │ ◆星空背景  │    │ ◆等级证书  │    │ ◆颁发证书  │
└─────────────┘    └─────────────┘    └─────────────┘    └─────────────┘
```

图 5-2 "慧趣星空"游园综合评价设计思路

一二年级分两天下午举行"慧趣星空"综合评价游园活动。游园共设九个星空，具体安排如下。

1. 学生持"慧趣星空"游园活动探索卡，排队或自由选择去飞越任意一个星空。

2. 探索九大星空。每个星空有两位教师"驻防星空"，负责探索指导，向每个前来探索星空、飞越星空、遨游星际的学生出示游园探索具体内容，并对学生探索星空游园情况进行盖章评价。优秀盖3个章，优良盖2个章，合格盖1个章，不合格不盖章。

3. 星空探索游园结束后，学生将探索卡交回收卡教师，按班级整理好，交回给班主任。

4. 各班主任根据学生游园获得的盖章数评出游园综合评价等级，填写相应的等级证书。

5. 举行"慧趣星空"综合考评游园颁奖会：①罗月秀校长致辞；②郭子梁副校长做活动小结；③颁发证书："慧趣星空"综合考评游园活动获十级的考评证书在大会颁发，并奖给火箭、太空人、星际飞机等星空模型奖品，其他等级证书在各班班会上颁发。

四、创设"慧趣星空"游园综合评价快乐空间

"慧趣星空"综合评价游园活动在场景中设置学生喜闻乐见的景观，营造快乐的空间，让学生在游园活动中感受到新奇、快乐、舒适。活动横额是星空元素的深蓝色；入场处设置了彩色气球拱门，拱门上挂着可爱的太空星星；活动等候区设置了供学生拍照的星空元素画框；九大星空探索活动项目处均设星空元素小背景。学生们在综合评价游园中表现出色。以游园活动综合评价取代学业测评是最适合低年级学生的形式。创建快乐的评价空间，在快乐探究中培养学生热爱探索的精神，让学生在探索星空、遨游知识的游园活动中快乐成长，实现场景育人。

五、巧制"慧趣星空"游园综合评价等级证书

"慧趣星空"游园的等级评价体系有趣且具有提升空间，等级越高越优秀，暗喻着探索星空、飞越星空、穿越银河、遨游星际、知识广博、慧趣无穷！激发学生积极参与游园综合评价活动，与"探索"同行，与"智勇"相伴，与"科学"对话，与"音乐"相约，与"劳动"相拥，与"智慧"同乐，培养学生探索和奋斗进取精神，让他们在游园中体验快乐，遨游知识星空，创造童年的七彩传奇。为此，教师精心制作了游园综合评价等级"证书"。该证书也以"星空"为主题，10个等级系列化，设计别致新颖，图案精美。每张证书的正反面都包含各种宇宙星空的相关知识。这些等级"证书"犹如美丽星空的能量图集，深受学生喜爱，相互欣赏证书也是学习星空知识的过程，学生的综合素质在游园评价中得以提升。

六、精心统筹，增强"慧趣星空"游园综合评价的效果

"慧趣星空"游园综合评价活动经过精心统筹组织与管理，效果显著。整个评价活动过程管理到位，环节完备。游园综合评价学生开心，家长称赞，效果显著，增强了学生的综合素质。（活动推文及视频详见链接https://mp.weixin.qq.com/s/s70mPPrRUhjCX1GL9Dmvvg）

七、"慧趣星空"游园综合评价的反思

（一）综合评价应坚持"五育并举"，促进全面发展

中共中央印发的《深化新时代教育评价改革总体方案》在"重点任务"中明确提出"改革学生评价，促进德智体美劳全面发展"。"慧趣星空"游园综合评价实践正是契合这一要求的学生评价改革尝试。游园探索项目涵盖语文、数学、英语等学科内容，同时也包含劳动、综合、科学、音乐等探索星空项目，未来还将通过评价网络的创建，进一步将平时的体育活动、课外阅读、美术活动、科学实验活动纳入"慧趣星空"综合评价体系，坚持"五育并举"，以综合评价促进学生全面发展，提升综合素质（见图5-3）。

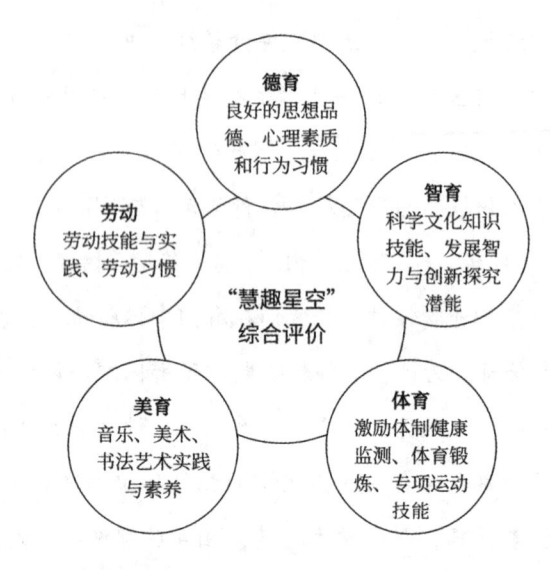

```
         德育
      良好的思想品
      德、心理素质
      和行为习惯

  劳动                智育
劳动技能与实       科学文化知识
践、劳动习惯       技能、发展智
                  力与创新探究
       "慧趣星空"   潜能
       综合评价

   美育              体育
音乐、美术、      激励体制健康
书法艺术实践      监测、体育锻
与素养            炼、专项运动
                  技能
```

图 5-3 "慧趣星空"游园综合评价"五育并举"示意图

（二）综合评价应强化过程评价，厚植爱国情怀

《深化新时代教育评价改革总体方案》中指出"强化过程评价，探索增值评价，健全综合评价……""切实引导学生坚定理想信念、厚植爱国主义情怀……""慧趣星空"游园综合评价活动将学生的知识与能力的考查巧妙地设置在各个星空探索题卡内容中，在探索星空的过程中评价学生的真实能力，采用活动评星级的方式考查学生的知识积累、灵活应用技能与创新思维。学校创新过程性评价方法，以游园式、开放式动态评价进行学生综合素质评价，完善了综合素质评价体系。我们在九大星空探索项目的小背景、题卡、等级证书中加入我国神舟飞船、空间站等相关知识与图片，让学生感知我国探索星空的科学梦想与民族复兴的千秋伟业。让学生在游园综合评价活动中厚植爱国情怀，砥砺强国之志，立志为国成才，筑牢理想之基、信念之塔。

（三）综合评价应实现评价网络化

过程性评价与发展性评价不仅体现在评价活动中，还应贯穿整个学期学生的学习和活动。学校应利用信息技术搭建综合评价管理平台。借助小程序与网络，在日常教育教学过程中记录并储存学生综合素质发展过程的评价信息。例如，举行校园体育艺术节、"每周故事"及其他各种竞赛活动、家庭亲子活动等，学生的各项技能都可以通过学校"综合评价管理平台"记录并评定星级，评价结果存档。真正实现以过程性评价替代终结性评价，构建"慧趣星空"游园综合评价网络体系。我们可以大力发展电子信息管理平台，为过程性综合评价提供便利。综合评价网络化将是我校下一阶段"慧趣星空"游园综合评价与信息技术融合开展的新实践与探究（见图5-4）。

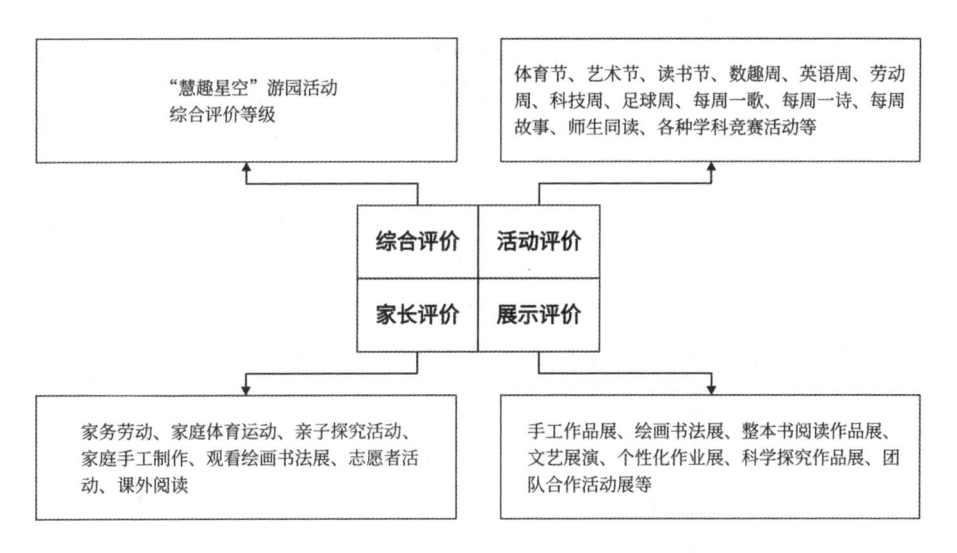

```
┌─────────────────────┐      ┌──────────────────────────────────┐
│  "慧趣星空"游园活动  │      │ 体育节、艺术节、读书节、数趣周、  │
│    综合评价等级     │      │ 英语周、劳动周、科技周、足球周、  │
│                     │      │ 每周一歌、每周一诗、每周故事、    │
│                     │      │ 师生同读、各种学科竞赛活动等      │
└─────────────────────┘      └──────────────────────────────────┘
            ↑                              ↑
        ┌───────────┬───────────┐
        │ 综合评价  │ 活动评价  │
        ├───────────┼───────────┤
        │ 家长评价  │ 展示评价  │
        └───────────┴───────────┘
            ↓                              ↓
┌─────────────────────┐      ┌──────────────────────────────────┐
│ 家务劳动、家庭体育   │      │ 手工作品展、绘画书法展、整本书    │
│ 运动、亲子探究活动、 │      │ 阅读作品展、文艺展演、个性化作业  │
│ 家庭手工制作、观看   │      │ 展、科学探究作品展、团队合作活动  │
│ 绘画书法展、志愿者   │      │ 展等                              │
│ 活动、课外阅读      │      │                                  │
└─────────────────────┘      └──────────────────────────────────┘
```

图5-4　"慧趣星空"游园综合评价网络体系

（四）综合评价应促进家校共育，构建评价多元化

在教育评价中，家长评价与学生自我评价、同伴评价有助于丰富和完善综合评价体系，应促进家校共育，构建多元化的综合评价体系。"慧趣星空"综合评价将通过评价网络管理平台，建立学生、教师、家长、同伴共同参与、交互作用的评价系统。通过家校互动多渠道反馈学生的学习、活动情况。如家务劳动、家庭体育运动、亲子探究活动、课外阅读等，家

长和学生可以将照片、视频、心得体会等上传至"慧趣星空"评价网络管理平台，然后进行家长评价、学生自评、同学互评、教师评价等，使综合评价成为促进家校共育、亲子活动、同伴互动的新途径（见图5-5）。将学生校内与校外成长发展的全过程都纳入综合评价体系，促进学生全面发展。

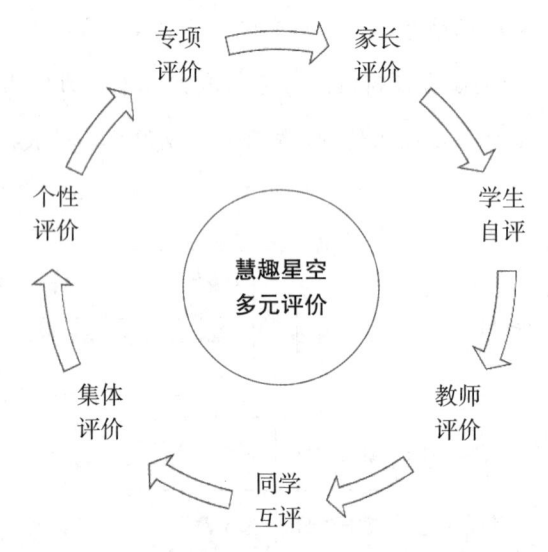

图5-5 "慧趣星空"综合评价多元评价构想示意图

【案例成效】

谢岗镇中心小学通过有效的评价，优化了学校的管理工作，促进了教师的专业发展，造就了一支爱学习、勤思考、善研究的优秀教师队伍。我校将不断学习和探讨，在新课改理论的指导下，运用新的评价机制，构建一支有机、科学、高度柔性且能持续发展的学研型教师队伍，进一步引领教师的专业成长，促进"绿教育"内涵的深度发展。

第六章　谢岗中心小学教师发展的实施过程

　　谢岗中心小学，作为当地教育的核心机构，肩负着培育学生成才的重要使命。而教师的专业成长与发展，则是这一使命得以达成的基石。在日益复杂多变的教育环境中，谢岗中心小学深切认识到，只有不断促进教师的全面发展，才能确保教育质量的不断提升，培养出更多具备创新精神和实践能力的学生。教师发展不仅关乎教师个体的职业成长，更是影响学校整体办学水平和教育质量的关键因素。因此，谢岗中心小学将教师发展视为一项长期而紧迫的任务，致力于构建一个有利于教师成长的环境，激发教师的内在动力，提升教师的专业素养和教育教学能力。

　　在这个过程中，谢岗中心小学将坚持"以人为本"的理念，尊重教师的主体地位，充分发挥教师的主动性和创造性。同时，学校也将为教师提供多样化的培训和发展机会，帮助教师不断更新教育理念，掌握先进的教学方法和技术，提高教育教学水平，实现教师减负增能的目标。

第一节　理论学研

一、通识培训

在谢岗中心小学的教师发展计划中，通识培训被视为教师成长的基石。通识培训旨在提高教师的综合素质，拓宽教师的知识视野，增强教师的教育教学能力，为教师的专业成长奠定坚实的基础。

（一）通识培训的目标

（1）增强教师的教育教学理念，提升教师的教育教学理论水平。

（2）拓展教师的知识视野，增加教师的跨学科知识储备。

（3）提升教师的教学技能和教学方法，提高教师的课堂教学水平。

（4）培养教师的创新思维和团队协作能力，促进教师的全面发展。

（二）通识培训的内容

（1）教育教学理论学习：包括教育学、心理学、教育心理学等基础理论的学习，以及新课程改革、素质教育等现代教育理念的研讨。

（2）跨学科知识学习：涵盖人文社科、自然科学等多个领域的基础知识，以及跨学科的教学方法和策略。

（3）教学技能培训：包括教学设计、课堂管理、教学评价等教学基本技能的培训，以及多媒体技术、网络资源等现代教育技术的应用。

（4）创新思维与团队协作：培养教师的创新意识和团队协作能力，提高教师在教育教学中的应变能力和协作精神。

（三）通识培训的实施方式

（1）专题讲座：邀请教育专家、学者举办主题讲座，分享教育教学经验，引导教师深入思考。

（2）小组讨论：教师分组进行讨论，分享个人见解，相互学习，共同成长。

（3）案例分析：通过剖析典型的教学案例，引导教师反思自身的教学实践，提升教学水平。

（4）在线学习：利用网络平台，教师可以随时随地进行自主学习，不断更新知识，提高专业素养。

通识培训是谢岗中心小学教师发展的重要环节，通过系统的培训和学习，教师能够不断提升自身的教育教学水平和综合素养，为学生的全面发展提供有力保障。同时，通识培训也有助于教师形成正确的教育观、学生观，更好地履行教育教学的神圣使命。

二、专业学习

在谢岗中心小学的教师发展计划中，专业学习是提升教师专业技能和知识深度的关键环节。通过专业学习，教师能够不断更新自己的专业知识，掌握最新的教育教学理论和方法，进而提升教学水平和质量。

（一）专业学习的目标

（1）深化教师对学科知识的理解和掌握，提升教师的学科素养。

（2）掌握最新的教育教学理论和教学方法，提高教师的教学水平。

（3）培养教师的研究能力和创新精神，促进教师的专业成长。

（二）专业学习的内容

（1）学科专业知识学习：针对各学科的最新研究成果和发展趋势，组织教师展开深入学习和研讨。

（2）教育教学理论学习：学习最新的教育教学理论和方法，如新课程标准、教学评价、课堂管理等。

（3）教学实践技能提升：通过观摩、研讨、反思等方式，提高教师的教学实践技能，如教学设计、课堂互动、学生评价等。

（4）教育科研能力培养：鼓励教师参与课题研究、论文撰写等教育科研活动，提升教师的科研能力和创新能力。

（三）专业学习的实施方式

（1）校内培训：组织校内专家、骨干教师举办专题讲座和研讨活动，分享教学经验和研究成果。

（2）校外交流：组织教师参加各类教育研讨会、学术交流活动等，拓展教师的视野和知识面。

（3）在职学习：鼓励教师参加在职学习、进修课程等，提高学历层次和专业素养。

（4）自我学习：倡导教师自主学习，通过阅读专业书籍、利用网络资源等，不断更新自身的专业知识和教育理念。

专业学习是谢岗中心小学教师发展的重要组成部分，通过系统的学习和实践，教师能够不断提升自身的专业素养和教学能力，为学生的全面发展提供更为优质的教育服务。同时，专业学习也有助于教师形成个人的教学风格和特色，提高教育教学的创新性和实效性。

三、技术培养

随着信息技术的迅猛发展，技术在教育领域的应用越来越广泛。谢岗中心小学深知技术对提升教学质量和效率的重要性，因此将技术培养作为教师发展的重要环节之一。

（一）技术培养的目标

（1）提升教师运用现代信息技术的能力，使之能够更好地辅助教学。

（2）培养教师的创新思维，能够积极探索技术与教育教学的融合点。

（3）增强教师的信息素养，提高其在信息化环境中的工作效能。

（二）技术培养的内容

（1）信息技术基础：普及计算机基础知识，如操作系统、办公软件等。学习并掌握多媒体教学、网络资源搜索与整合、在线教育平台使用等技能。

（2）信息技术与课程整合：探讨如何将信息技术有效融入各学科教学之中，提高教学效果。

（3）创新思维与实践能力：鼓励教师运用技术进行创新教学实践，如开发数字课程、制作教学视频等。

（三）技术培养的实施方式

（1）集中培训：组织教师参加由学校或教育部门举办的集中培训活动，系统学习信息技术知识。

（2）分组研讨：教师分组进行技术研讨，分享经验，解决在实际应用中遇到的问题。

（3）在线学习：利用网络平台，教师根据自己的时间和需求进行自主学习，不断更新技术知识。

（4）实践应用：鼓励教师在实际教学中应用所学技术，将理论与实践相结合，提升技术应用能力。

技术培养是谢岗中心小学教师发展的重要组成部分，通过系统的培训和实践，教师能够提升运用现代信息技术的能力，实现技术与教育教学的深度融合。同时，技术培养也有助于提升教师的创新思维能力，使其在信息化环境下更好地发挥教育教学作用，为学生的全面发展提供更优质的教育服务。

四、文化陶冶

教师的文化素养不仅关乎个人的全面发展,更直接影响到学生的成长和教育质量。因此,文化陶冶成为教师发展过程中的重要一环,旨在提升教师的文化素养,拓展其文化视野。

(一)文化陶冶的目标

(1)增强教师的文化底蕴,增进其对多元文化的理解与尊重。

(2)培养教师具备跨文化交流的能力,促进国际视野的形成。

(3)激发教师的人文情怀,提升其教育教学的文化内涵。

(二)文化陶冶的内容

(1)传统文化学习:深入探究我国的传统文化,包括历史、文学、艺术、哲学等领域。

(2)世界文化探索:学习不同国家和地区的文化特色,增强对多元文化的认识。

(3)教育文化研究:探讨教育与文化的关系,研究如何在教育教学中融入文化元素。

(4)人文精神培养:通过阅读、讨论、实践等方式,培养教师的人文情怀和审美素养。

(三)文化陶冶的实施方式

(1)定期举办文化讲座和研讨会,邀请专家学者分享文化知识和经验。

(2)组织教师参观博物馆、艺术馆等文化场所,亲身领略文化的魅力。

(3)开展国际交流项目,鼓励教师参与国际文化交流活动,拓宽国际视野。

(4)鼓励教师阅读经典文学作品和人文社科书籍,提升文化素养和内涵。

通过文化陶冶，谢岗中心小学的教师不仅能够提升自身的文化素养和内涵，还能够更好地理解和尊重多元文化，为学生提供更为丰富多彩的教育环境。同时，文化陶冶也有助于激发教师的人文情怀和创新精神，促进其在教育教学中融入更多的文化元素，提升教育的文化内涵和品质。

第二节　课堂教学

课堂教学是教师工作的核心，也是教师发展的重要阵地，提升教师的课堂教学能力，是提高教学质量、促进学生全面发展的关键。因此，学校将抓好课堂教学作为教师发展的重要实施过程。

一、标准解读

新课程标准是教育教学的风向标，它反映了当前教育改革的理念和方向。对于教师而言，深入解读新课程标准，不仅能够帮助他们把握教育教学的最新动态，还能够指导他们在实际教学中进行有针对性的改革和创新。

（一）解读新课程标准的策略

（1）系统学习：组织教师全面、系统地学习新课程标准，确保每位教师都能精准把握其核心理念和基本要求。

（2）专家引领：邀请教育领域的专家对新课程标准予以解读和阐释，为教师提供更具深度和广度的视角。

（3）小组讨论：鼓励教师分组讨论，分享各自对新课程标准的理解和见解，相互启迪，共同进步。

（二）运用新课程标准促进品质课堂建设

（1）更新教学理念：根据新课程标准的要求，引导教师更新教学

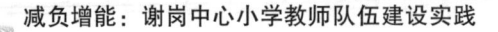

理念，注重学生的主体性，培养学生的创新精神和实践能力。

（2）优化教学内容：结合新课程标准，对教学内容进行优化和整合，确保教学内容既符合时代要求，又能够激发学生的学习兴趣。

（3）改进教学方法：鼓励教师尝试新的教学方法和手段，如情境教学、项目式学习等，以提高学生的学习效果。

（三）持续监督与评估

为确保新课程标准的有效实施，谢岗中心小学将建立持续监督与评估机制。通过对教师的课堂教学进行评估与反馈，及时发现和解决教学中存在的问题，确保新课程标准的理念和要求能够真正落实到课堂教学中。

二、教学设计

教学设计是教学过程中的关键环节，它直接关系到教学质量和学生的学习效果。谢岗中心小学在促进教师专业发展的过程中，特别注重教学设计的培训和提升，以确保教师能够设计出高质量、符合学生需求的教学方案。

（一）明确教学目标

在进行教学设计之前，教师首先要明确教学目标。这些目标应与新课程标准的要求相契合，注重学生的知识掌握、能力培养和情感态度价值观的培养。明确教学目标有助于教师有针对性地设计教学内容和方法。

（二）分析学生需求

了解学生的学习需求和特点是教学设计的基础。教师应通过与学生交流、观察学生的学习行为等方式，了解学生的兴趣、学习风格和学习困难，以便在设计教学时能够充分考量这些因素，使教学更加贴近学生的实际需求。

（三）选择教学方法和手段

根据教学目标和学生需求，教师应选择合适的教学方法和手段。例如，对于需要学生主动探究和发现的问题，可以采用问题式学习或项目式学习的方式；对于需要学生记忆和理解的知识，可以采用讲授、演示等方式。同时，教师还可以结合多媒体技术、网络资源等现代教学手段，丰富教学内容，提高学生的学习兴趣和效果。

（四）设计教学活动和评价方式

在教学设计中，教师应设计丰富多样的教学活动，如小组讨论、角色扮演、实践操作等，以激发学生的学习兴趣和积极性。同时，教师还应设计合理的评价方式，包括形成性评价和总结性评价，以了解学生的学习情况和进步程度，并适时调整教学策略。

（五）反思与改进

教学设计是一个持续改进的过程。教师在实施教学设计后，应及时反思和总结，发现存在的问题和不足，并探寻改进的方法和策略。通过反思与改进，教师可以不断提升自身的教学设计能力，为学生提供更为优质的教学服务。

谢岗中心小学通过注重教学设计的培训和提升，帮助教师设计出符合新课程标准要求的高质量教学方案，从而提高教学质量和学生的学习效果。未来，学校将继续加强教学设计方面的培训和指导，为教师的专业发展提供更多支持和帮助。

（六）优秀教学设计案例

优秀教学设计一

教师姓名：黄敏仪

组别：实力组

授课课题：探寻优秀家风

课题所在单元、课题、课时：第一单元第三课第一课时

一、课题解读

（一）课题教学设计说明

依据《品德与社会课程标准》中主题二"我的家庭生活"第3条"懂得邻里生活中要讲道德、守规则，与邻里要和睦相处，爱护家庭周边环境"；第5条"知道家庭成员之间应该相互沟通和谅解，学习化解家庭成员之间矛盾的方法"，以及2014年教育部发布的《完善中华优秀传统文化教育指导纲要》和2017年中共中央办公厅、国务院办公厅联合印发的《关于实施中华优秀传统文化传承发展工程的意见》，结合五年级学生的特点、生活实际和成长需求，帮助学生认识家风，了解优秀家风与传统美德的关系，懂得优秀家风是国家发展、民族进步、社会和谐的基础。引导学生从个人成长和社会风气形成两个方面理解优秀家风的作用，学会从小事和身边事做起，传承和弘扬优秀家风。

（二）本课题纵横之间的联系

《探寻优秀家风》引导学生从更为广阔的层面理解"家风"的含义。从纵向来看，传承家风能够将优秀的精神文化延续下去；从横向来看，弘扬优秀家风可以塑造良好的社会风气。

二、教学设计

（一）教学内容分析

本课是五年级下册第一单元"我们一家人"中第三课的第一课时。本课由"探寻优秀家风"和"优秀家风代代传"两个话题组成，分别从认知和实践两个层面引导学生认识家风、传承家风。"探寻优秀家风"从认知层面探寻家风的内涵及其在不同历史时期的具体表现，明确家风和传统美德的关系，了解优秀家风的重要价值。本课引导学生认识家风，传承家风是一个家庭的精神内核。在学生对家风已有的认知基础上，本课教材使学生体悟到优秀家风蕴含着中华传统美德，是中华民族生生不息、奋发向上的重要精神力量，引导学生懂得传承优秀家风，有助于个人的成长和家庭的和谐，能够引领良好的社会风气。

（二）学情分析

经过四年多的学习沉淀，五年级学生的自主学习能力已有显著提升，学生能从生活经验中知晓优秀家风的相关知识，如学过有关家风的名言警句，读过有关优秀家风的故事等。学生也具备一定的沟通交流能力，能够通过调查、采访等形式了解自己家庭的家风，但是部分学生仍不了解家风的含义，以及优秀家风背后的文化内涵及其对社会和谐、国家发展的重要意义，自然对于如何弘扬和践行优秀家风的认知也停留于表面。因此，教学中需借助更为直观具体的事例，以加深学生对优秀家风的了解。

（三）目标确定

1. 知识与能力：理解什么是家风，知晓家风在生活中的具体表现。

2. 过程与方法：培养观察能力、比较能力、合作交流和调查采访的能力。

3. 情感与价值观：

（1）了解我国不同历史时期的家风，知晓优秀家风蕴含着中华传统美德，是国家发展、民族进步、社会和谐的基础。

（2）知道从自身做起、从小事做起，传承和弘扬优秀家风。

（四）学习重点难点

1. 重点：领悟优秀家风对个人成长和社会良好风气形成的作用和意义。

2. 难点：帮助学生体会优秀家风蕴含着中华传统美德，理解优秀家风是国家发展、民族进步、社会和谐的基础，从思想上树立起学习和传承家风的自觉意识。

（五）学习活动设计

1. 环节一：兴趣导入——明家风

（1）教师活动

①（出示电影《哪吒之魔童降世》的图片人物：哪吒和敖丙）一个是魔童，一个是灵珠，最后为什么魔童会改变自己的命运，拯救世人，而灵珠却险些误入歧途？

②（播放一段有关家风的视频），观看视频后，说一说什么是家风。

（2）学生活动

①学生说出图片中的人物，通过比较，理解家风对一个人的成长有着非常重要的影响。

②观看视频，领会家风的含义。

设计意图：以学生熟悉的电影《哪吒之魔童降世》为切入点，让学生通过比较感知家风的重要性，激发学生的探究热情。再播放有关家风的动画视频，唤起直接体验，便于在交流中感受待探究的内容。

2. 环节二：荟萃欣赏——悟家风

（1）教师活动

①小组内交流分享课前完成的学习任务单：

a. 阅读《朱子家训》，令你印象深刻的名言是：（　　　　）

感悟到：（　　　　　　）。

b. 搜集有关家风家训的故事。

c. 对长辈做一次访谈，了解我们的家风。

访谈人	访谈对象	家风
王勇	爷爷	做人要老老实实，干事要认认真真

②指名学生汇报。

a. 涵养德行：汇报《朱子家训》中印象深刻的一句名言，并谈谈感悟。

b. 修身立志：展示的两句名言警句出自哪篇家训？其中蕴含的精神对我们有什么启示？你在哪里见过这样的名言警句？

c. 家国情怀：指名分享课后搜集到的有关家风家训的故事。出示两封家书，谈谈你所体会到的优秀家风。

（2）学生活动

①学生汇报分享学习任务单内容，进一步感悟到家风的深层含义。

②学生从涵养德行、修身立志、家国情怀等角度认识不同时期的家风，体会家风对人们思想和生活的影响，体会优秀家风蕴含的民族精神。

设计意图：以"荟萃家风"学习成果交流为载体，分别从家风的内容、呈现方式、蕴含的意义等角度，引导学生认识不同时期的家风，体悟家风对人们思想和生活的影响，领会优秀家风所蕴含的民族精神。

3. 环节三：调查访谈——确家风

（1）教师活动

①播放音频《用行动诠释最美家风》，思考：倪阿姨做了哪些好事？她认为最美的家风是什么？蕴藏着哪些传统美德？倪阿姨的家人在她的影响下会有哪些行为？

②汇报课前采访长辈有关你家优良家风的结果。

（2）学生活动

①听音频，了解平凡人家的家风。

②汇报课前采访的结果。

③了解优秀家风蕴含哪些传统美德。

设计意图：通过故事分享、调查采访等不同方式，从了解平凡人家的家风，到周围熟悉人家的家风，优秀家风在潜移默化中影响着我们的心灵，塑造着我们的人格。帮助学生理解家风不能仅停留在口头，而要用行动践行，更要一代代传承。

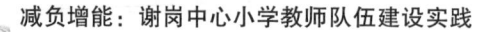

4. 环节四：升华总结——赞家风

（1）教师活动

①辨析"家风正，社稷兴"。

②播放视频《国家》。

③教师总结。

④布置课后作业。

（2）学生活动

①讨论交流"有人说'家风正，社稷兴'，对此，你有怎样的理解呢？"

②学生交流汇报，理解优秀家风是国家发展、民族进步、社会和谐的基础。

③跟随视频，边唱《国家》边做手势舞。

④完成课后作业。

设计意图：通过歌唱《国家》及教师的总结，本课的教学进一步得到升华，领悟"家风正则民风淳，民风淳则社稷兴"的道理。

（六）板书设计（如图6-1所示）

图6-1 "探寻优秀家风"板书设计

（七）作业与拓展学习设计

1. 课前作业：

（1）用自己制作的读书卡摘抄《朱子家训》中印象深刻的名言警句。

学生作业示例如图6-2所示。

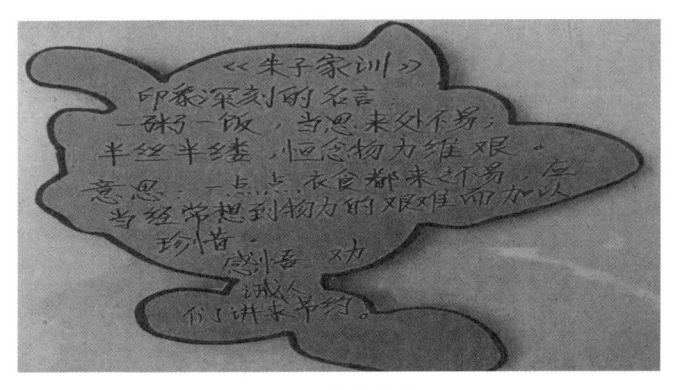

图6-2 读书卡摘抄

（2）对长辈做一次访谈，了解我们的家风。

你家的优良家风是什么？分析蕴含于其中的中华民族优秀传统美德。

访谈人	访谈对象

从访谈中，我发现优秀家风中蕴含的中华民族优秀传统美德有？

2. 课后作业（二选一）：

（1）用书法纸摘抄《诫子书》中自己印象深刻的名言。

（2）收集青少年传承优秀家风的故事。

（八）特色学习资源分析、技术手段应用说明

以教材为蓝本，课堂中紧密结合视频、音频等资源，有效调动学生的学习积极性。在《探寻优秀家风》一课的教学中，通过对比电影《哪吒之魔童降世》中的人物：哪吒、敖丙，一个是魔童，一个是灵珠，为什么哪吒最终能改变自己的命运，魔童拯救了世人，而灵珠却险些误入歧途？让学生产生情感共鸣，明白家风的重要性。

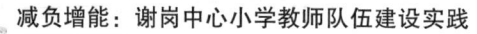

在本课的教学中，通过播放有关家风的微视频、音频，讲述家风故事，进行家风访谈等，引导学生认识不同时期的家风，不同家庭有不同的家风，但这些家风都蕴含着传统美德。体会家风对人们思想和生活的影响，知道优秀家风是国家发展、民族进步、社会和谐的基础。

（九）教学反思与改进

对于五年级的学生来说，他们对家规家训有一定的了解，但对家规家训与中华传统美德的关系认识尚不清晰，也不了解家风的含义和意义所在。因此，教师需要借助更为直观和具体的事例，加深他们对家风的理解。五年级学生具备一定的自主学习能力，学生通过课堂教学和课后阅读优秀家风故事、家风访谈、收集资料等形式，能更好地了解家风的含义及自己家庭的家风，知道优秀家风蕴含着中华传统美德，是国家发展、民族进步、社会和谐的基础。教学效果良好，孩子们学得也很认真，达到了预期的目标。

（十）学习评价设计

亲爱的同学们，通过这节课的学习，你有哪些收获呢？请评价一下吧。

我知道家风在生活中的含义	★★★★★
我了解优秀家风蕴含的中华传统美德	★★★★★
我能从自身、小事做起，传承优秀家风	★★★★★

优秀教学设计二

教师姓名：谢洁仪

课型：新授课

授课课题：分数的初步认识

授课对象：三年级

授课内容：义务教育教科书人教版数学三年级上册第八单元《分数的初步认识》第一课时第90、91页及91、94页相关的练习。

第六章 谢岗中心小学教师发展的实施过程

一、教学目标确立依据

（一）教材分析

这部分内容是在学生已掌握一定整数知识的基础上，初步认识分数的含义。从整数到分数，是数概念的一次扩展。无论是在意义上、读写方法上还是计算方法上，分数和整数都存在较大差异。学生初次学习分数，可能会感到困难。分数对学生而言比较陌生，但"物体和图形的一半"却是学生所熟悉的。因此，本节课主要从学生熟悉且感兴趣的现实经验出发，通过动手操作，帮助学生理解一些简单分数的具体含义，让学生体会到分数源于生活，且只有在"平均分"的情况下才会产生分数，从而帮助学生建立初步的分数概念，为进一步学习分数和小数奠定基础。

（二）学情分析

本节课的授课对象是三年级学生，他们已具备一定的整数知识，在生活中也经常会遇到一些无法用整数表示的量。虽然他们在生活中能理解一半和一多半的概念，但只能模糊地表示某些量。由于分数这一概念较为抽象，与整数存在较大差异。因此，学生在初学分数时会感到困难。可采用自主探索、动手实践、观察发现、合作交流等方式，使学生积极主动、富有个性地学习。通过分、涂、折、说等手段及多媒体辅助教学，让学生经历知识的发生、发展过程，从而达到帮助学生主动获取知识的目的。

二、教学目标

1. 在具体情境中，使学生初步认识分数，体会分数的含义，能正确读写几分之一；

2. 通过动手操作、相互合作、观察比较、共同讨论等活动，引导学生进行探讨和研究，培养学生的合作意识、数学思维和语言表达能力；

3. 感悟数形结合的数学思想和方法，发展数感，体会分数在实际生活中的应用和价值。

三、教学重、难点

能正确读写几分之一，初步理解分数的含义。

四、教学准备

多媒体课件、各种形状的彩纸等。

五、教学过程

（一）了解名人名言，导入新课

多媒体出示"数"字，让学生组词，学生可能会回答"数学的数，数字的数"，也可能会回答"数数的数"。接着，展示华罗庚先生说过的一句话"数，起源于数"。

多媒体出示一个苹果，我们一起来数一数这里有几个苹果？（1个），一个苹果可以用哪个数字来表示呢？（一个苹果可以用数字"1"表示），出示数字"1"。依次出示两个苹果、四个苹果（两个苹果用数字"2"表示，四个苹果用数字"4"表示）。

现在，我要把这四个苹果分给两个小朋友，如何分才公平呢？（每人两个）

出示两个苹果，那么两个苹果分给两个小朋友，每人可以分得几个呢？（每人一个）

每个人分得同样多，在数学里叫作平均分。

出示一个苹果，一个苹果分给两个小朋友，应如何分配呢？（每人一半）。出示一个圆代表一个苹果，让学生上台演示怎样分才叫作每人一半。

教师引导学生说"把一个苹果平均分成两份，每一份即为它的一半，也就是它的二分之一"。那么物体的一半能否用一个数来表示呢？这个数是什么呢？（1/2），二分之一是什么数？（分数）

教师板书课题"分数的初步认识"。

全班齐读课题后质疑（学生带着问题学习新课）。

(二)动手实践，学知解惑

1. 教学例1

（1）认识1/2

刚刚有同学说可以用1/2表示物体的一半，那么1/2应如何书写的呢？请你练习本上写一写吧（另请两位同学在黑板上书写）。

观看视频后，让学生对照黑板上所写的分数，集体纠正。

你们有没有发现分数与我们之前学的数有什么不同吗？它是怎样读的，是怎样写的？

学生：多了一条线。

教师：对了，你观察得真仔细。你们会读吗？请跟老师读一读（学生跟随教师读出1/2）。

（2）教写1/2

教师：同学们知道分数怎么读了，刚刚老师是怎样写的呢？

学生：先写横线，接着写下面的2，最后写上面的1。

教师：你真会观察。那现在我们一起来写一写吧？（学生伸出手指书写）

（3）理解1/2的含义

教师：同学们，我们已经知道1/2的读法和写法，那么它表示什么意思呢？（教师演示分一个圆）。请同学们再仔细观察，我们把这个圆平均分成2份，其中的一份是这个圆1/2（全班齐读）。

（4）折一折1/2

①动手操作（同桌交流）。

教师：刚才我们知道了1/2，如果不同形状的物体又应如何表示它的1/2呢？请你们用手中的纸折出1/2，折完后与同桌说一说你折的1/2。

②展示不同的作品，并说出自己的折法，及时评价。

教师：折法不同，为什么折出的都是这个图形的1/2呢？（因为都是把一个图形平均分为两份，每一份就是这个图形的1/2。）

（5）认识不同的分数

教师拿出一个平均分成三份的圆，问：从这个图形中你能读出什么信息呢？

2.教学例2

出示学习建议：请拿出一张正方形的纸折一折，涂一涂，表示出它的1/4。

设计意图：通过观察、比较、读一读等方式，引导学生发现分数与整数在形态和读写上的不同，从而加深对分数的认识。运用生活中的例子，动手操作练习，不仅提高了学生学习的积极性，还拓宽了他们对知识认识的宽度，同时，也培养了学生独立思考的能力，理解了分数的含义。

（三）练习巩固，提升认知

1.教材第91页"做一做"第一题。你能用分数表示下图中涂色的部分吗？

2.教材第94页练习二第1题。

设计意图：运用练习，不仅巩固新知，更重要的是让学生亲身体验思维过程。

（四）课堂总结，归纳提升

同学们，今天我们学习了分数的初步认识，谈谈你的收获。

设计意图：让学生回顾整节课的内容，学有所思，学有所得。

（五）板书设计

分数的初步认识

把一个（　　）平均分成（　　）份，每一份是它的（　　），也是它的（　　）。

$\dfrac{1}{2}$……分子表示其中的一份；

……分数线表示平均分；

……分母表示平均分成若干分。

优秀教学设计三

教师姓名：郭子梁

授课课题：四边形的认识

授课内容：义务教育教科书三年级上第七单元79-80页。

一、教学目标

1. 知识与技能：直观感知四边形，能区分和辨认出四边形。通过观察、操作，初步认识长方形、正方形的特征。

2. 过程与方法：经历探索长方形、正方形特征的过程，了解长方形、正方形之间的关系。体会观察、猜想、验证的学习方法。

3. 情感态度价值观：通过量一量、比一比、折一折等活动，培养学生观察比较、概括抽象的能力，促进学生数学思维的发展。

二、教学重、难点

能区分和辨认四边形，掌握长方形和正方形的特征。

三、教学准备

长方形和正方形纸片、直尺、三角板等。

四、教学过程

（一）复习引入

1. 你能从图片中找到哪些我们学过的平面图形？

2. 这节课我们共同来学习图形家族中的四边形（板书：课题）。

设计意图：尊重学生已有的知识基础，培养学生用数学的眼光观察身边的事物，提高学习数学的兴趣，为下一环节的探究活动作准备。

（二）合作探究认识四边形的特征

1. 认识四边形

（1）我会辨：屏幕上有一些平面图形，你认为哪些是四边形，把它拖到相应的位置。

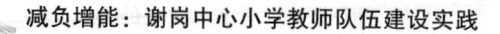

（2）我会说：仔细观察四边形有什么共同点？（师生总结）

（3）我会找：生活中在什么地方见到过四边形？（学生举例）

（4）我会画：在图6-3点子图上画出两个你心目中的四边形，并与小伙伴分享。

（5）玩游戏：找四边形。

图6-3　点子图

设计意图：通过游戏，既活跃课堂气氛，又能让学生凭自己已有的知识和经验直观认识四边形，培养学生善于观察、总结的习惯和能力，感受数学在生活中的应用。

2.探究长方形、正方形的特征

（1）问题导入

今天我们一起来认识两个特殊的四边形：长方形和正方形，它们有什么特点？

（2）动手操作

教师：请同学们先认真观察长方形和正方形的纸片，猜想它们有什么特点？再想办法验证一下你的猜想。

设计意图：为学生提供观察、猜想、验证的机会，经历探究的过程，通过动手操作充分感受学习数学的乐趣，学习探索数学问题的方法。

（3）汇报交流

①你观察的是什么图形？发现了什么？用什么方法验证的？

②学生汇报，师生共同总结：

长方形：对边相等，有4个直角。

正方形：4条边都相等，有4个直角。

设计意图：交流、展示自己的学习成果，分享他人的经验，培养学生的数学思维和语言表达能力，使学生获得成功的体验，增强学习数学的自信心。

3. 比较异同

4. 回顾小结

（三）巩固新知

1. 画一画。（在方格纸上画出一个长方形和一个正方形。）

设计意图：让学生借助方格纸，利用刚学习的长方形和正方形特征的知识画出长方形、正方形，旨在巩固学生对长方形、正方形特征的理解，同时掌握画图的方法。

2. 参照图6-4，你能帮小猴穿过迷宫吗？

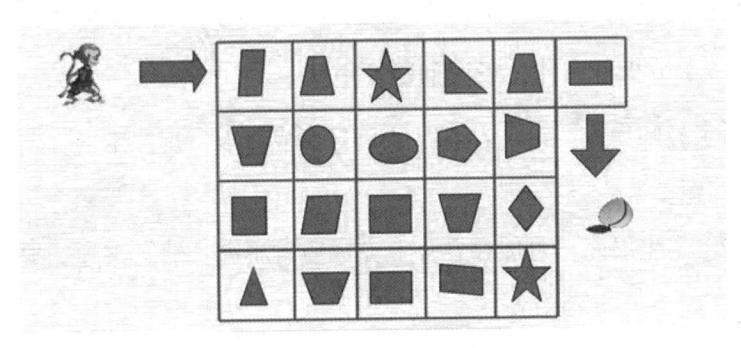

图6-4 小猴走迷宫

设计意图：让学生凭自己已有的知识和经验直观认识四边形，培养学生善于观察、总结的习惯和能力，感受数学在生活中的应用。

3. 参照图6-5，猜一猜。（笑脸挡住的是个四边形，猜一猜可能是什么形状。）

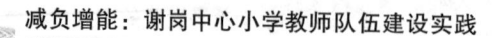

图 6-5 猜形状

设计意图：引导学生经历猜测、感悟、验证的过程，加深对四边形的认识，培养学生思考问题的全面性。

（四）课堂小结

这节课你有什么收获？你还想知道什么？

三、优化作业

作业不仅是学生巩固课堂知识、提升技能的重要途径，也是教师评估学生学习效果、调整教学策略的关键依据。特别是在"双减"政策实施后，优化作业更是一项重要任务。以下是谢岗中心小学优化作业设计的实施过程。

（一）分析现有作业设计问题

（1）教师层面：可能存在作业量过多或过少、难度不适宜、缺乏层次性等问题。

（2）学生层面：可能存在作业完成质量不高、缺乏兴趣、缺乏挑战等问题。

（二）制定优化策略

（1）减少重复性作业：避免简单重复，增加开放性、探索性作业。

（2）个性化作业设计：根据学生不同能力和需求，设计不同层次的作业。

（3）强调实践应用：将作业与实际生活、社会实践相结合，提高学生兴趣。

（4）开展教师培训：组织教师学习先进的作业设计理念和方法，提升作业设计水平。

（5）教师团队协作：鼓励教师之间分享作业设计经验，共同研讨改进。

（6）定期评估与反馈：定期对作业设计进行评估，收集学生、家长和教师的反馈，持续改进。

（三）监督与评估

（1）建立监督机制：学校设立专门的监督小组，对作业设计进行定期检查和评估。

（2）定期评估效果：通过学生成绩、学习兴趣等指标，评估作业设计优化的效果。

（四）反馈与调整

（1）收集反馈：通过问卷调查、座谈会等方式，收集教师、学生和家长对作业设计的意见和建议。

（2）调整优化：根据反馈结果，对作业设计进行调整和优化，以满足不同群体的需求。

不断优化作业设计，旨在提高教师的专业能力，同时激发学生的学习兴趣和积极性，促进教育质量的整体提升。这样的优化过程需要教师的积极参与和学校的持续支持，以实现教师专业发展和学生全面发展的双重目标。

第三节　班级管理

谢岗中心小学在促进教师专业发展的过程中，班级管理也是一项至关重要的任务。良好的班级管理不仅能为学生提供有序、安全的学习环境，还能促进教师的专业成长和教育质量的提升。

一、班级文化建设

谢岗中心小学围绕"绿教育"理念开展班级文化建设的实施过程可以按照以下步骤进行。

（一）理念导入与文化定位

（1）明确"绿教育"理念：首先，向全班学生阐明"绿教育"的内涵和目标，包括培养环保意识、促进身心健康发展、培养可持续发展的生活方式等。

（2）班级文化定位：基于"绿教育"理念，引导学生共同讨论并确定班级文化的核心价值和特色，如环保、和谐、互助、创新等。

（二）环境创设与氛围营造

（1）绿色环境布置：在班级内布置绿色植物，设立环保角，展示环保知识和作品，营造绿色、环保的班级氛围。

（2）墙面装饰：利用墙面展示学生的环保作品、绿色生活照片、环保标语等，增强班级文化的可视化表达。

（三）活动设计与实施

（1）主题活动：围绕"绿教育"理念，设计并实施一系列班级活动，如环保主题班会、绿色生活实践、环保知识竞赛等。

（2）日常实践：鼓励学生在日常生活中实践绿色生活方式，如垃圾分类、节约用水、节能减排等，将环保理念融入日常行为。

（四）文化培育与传承

（1）故事分享：通过讲述环保故事、绿色生活案例等，引导学生深入理解"绿教育"理念，培育绿色文化意识。

（2）文化传承：鼓励学生在班级内部形成文化传承机制，如定期举办环保知识讲座、开展绿色主题班会等，使"绿教育"理念在班级文化中得以传承和发扬。

（五）评价与反馈

（1）文化评价：定期对班级文化建设的效果进行评价，包括学生的参与度、环保意识的提升等。

（2）反馈调整：根据评价结果及时调整班级文化建设策略，以满足学生的需求和期望。

通过以上实施过程，谢岗中心小学能够有效地在班级中培育和传播"绿教育"理念，形成具有环保特色和文化底蕴的班级文化，为学生的全面发展和可持续发展奠定坚实的基础。

二、班级制度建设

为推动谢岗中心小学班级制度建设的有效实施，本实施过程将详细规划从制度设计到执行落地的各个环节，确保班级制度得以顺利推行并达到预期效果。

（一）制度设计与确立

（1）组织班委会成员进行充分讨论，拟定初步的班级制度草案。

（2）将制度草案提交全班同学进行讨论和反馈，征集意见和建议。

（3）根据反馈意见，对制度草案进行修正与完善，形成最终的班级制度。

（二）制度宣贯与培训

（1）组织全班同学进行班级制度的宣传，确保每位同学都能充分理解制度的内容和要求。

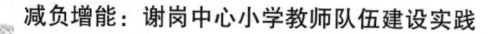

（2）开展具有针对性的培训活动，如学风建设讲座、生活卫生指导等，帮助同学们更好地适应和遵守班级制度。

（三）制度执行与监督

（1）明确班级制度执行的责任人，如学习委员、生活委员等，确保各项制度得到有效执行。

（2）设立班级制度监督小组，负责监督班级制度的执行情况，并及时向班委会反馈。

（3）对违反班级制度的同学，根据情节轻重进行相应的处理，如提醒、警告、通报批评等。

（四）制度评估与调整

（1）定期对班级制度进行评估，了解制度执行的效果和存在的问题。

（2）根据评估结果，对班级制度进行调整和优化，以适应班级发展的需要。

通过以上实施步骤，谢岗中心小学班级制度建设得以有效实施。在实施过程中，需要全班同学和班委会成员的共同努力和配合，共同维护班级制度的权威性和有效性。同时，我们也需不断总结经验教训，不断完善和优化班级制度，以更好地促进班级的整体发展和学生的全面成长。

三、班级活动管理

为促进谢岗中心小学班级活动的有序开展，提升活动效果，加强班级文化建设，实施有效的班级活动管理至关重要。本过程旨在明确班级活动管理的各个环节，确保活动的顺利进行和班级氛围的和谐融洽。

（一）活动规划

（1）目标设定：班委会成员应明确活动的核心目标，确保活动符合学校要求和班级整体发展需要。

（2）方案制定：根据目标，制定详细的活动方案，包括活动主题、形式、时间、地点等。

（3）资源调配：确保活动所需资源（如场地、设备、物资等）得到合理分配和准备。

（二）活动组织与分工

（1）角色分配：明确班委会成员在活动中的角色与责任，如活动负责人、宣传员、场地协调员等。

（2）任务划分：将活动分解为若干个子任务，分配给相应的同学，确保每个人都清楚自己的职责。

（3）沟通协调：确保班委会成员和同学之间沟通顺畅，及时解决问题。

（三）活动执行与监控

（1）现场指挥：活动当天，由活动负责人负责现场指挥，确保活动按计划进行。

（2）监控进度：活动过程中，密切关注活动进度，确保活动按预期方向发展。

（3）应急处理：遇到突发情况，迅速启动应急预案，确保活动安全进行。

（四）活动评估与反馈

（1）效果评估：活动结束后，对活动效果进行评估，包括参与度、反响、达成目标等。

（2）收集反馈：通过问卷、访谈等方式收集同学和教师的反馈意见。

（3）总结经验：总结活动的成功经验和不足之处，为今后的活动提供借鉴。

（五）后续跟进

（1）问题整改：针对评估中发现的问题，及时制定整改措施。

（2）成果展示：将活动成果进行展示，如制作活动相册、视频等，供同学们回顾和分享。

（3）持续监督：对班级活动进行持续监督，确保班级文化的健康发展。

通过以上实施步骤，谢岗中心小学能够实现对班级活动的有效管理。班级活动管理不仅关乎活动的成败，更是班级文化建设和学生综合素质培养的重要环节。因此，全体班委会成员和同学们应共同努力，确保班级活动的顺利进行和班级文化的健康发展。

第四节 课程拓展

课程拓展对教师发展具有多方面的意义。通过促进教师传统观念的转变，提升教师的专业素养和创新能力，课程拓展有助于教师更好地适应新的教学要求和学生需求，实现自身的专业成长与发展。谢岗镇中心小学以"绿教育"为核心，"绿韵课程体系"为载体，有效开发出"总领课程"系列及"特色课程"系列两大品牌课程及60多种包括"绿色身心、绿色品行、绿色学问、绿色思维、绿色才艺、绿色气质"六大素养的"绿韵生态课程"，开发和编印了《课外阅读，寻找绿魂》等7本校本拓展教材。

谢岗中心小学围绕"绿教育"开展课程拓展的实施过程可以分为以下几个阶段。

（一）理念确立与目标设定

（1）确立"绿教育"理念：明确"绿教育"的核心理念，强调环境友好、生态平衡、健康成长等价值观，并将其融入学校的教育教学中。

（2）设定课程拓展目标：基于"绿教育"理念，学校设定课程拓展的目标，如提升学生的环保意识、实践能力、创新能力等。

（二）课程内容设计与开发

（1）整合现有课程：学校对现有课程进行梳理，找出与"绿教育"理念相契合的内容，进行整合与优化。

（2）开发新课程：学校鼓励教师根据"绿教育"理念开发新课程，如环保实践课程、生态体验课程等，以满足学生的多元化需求。

（三）教学方法与手段创新

（1）采用探究式教学：鼓励教师采用探究式教学方法，引导学生通过实践、观察、研究等方式，深入了解环保和生态知识。

（2）利用信息技术手段：利用多媒体技术、网络资源等信息技术手段，丰富教学内容，提升教学效果。

（四）实施与评价

（1）实施课程拓展：将设计好的课程拓展方案付诸实践，确保各项活动的顺利进行。

（2）建立评价体系：建立课程拓展的评价体系，通过学生反馈、教师评价、实践成果展示等方式，对课程拓展的效果进行评价。

（五）总结与反思

（1）总结经验：对课程拓展实施过程中的成功经验进行总结，为今后的工作提供参考。

（2）反思不足：对课程拓展实施过程中的不足之处进行反思，找出问题所在，提出改进措施。

（六）持续改进与优化

根据评价结果和反馈意见，对课程拓展方案进行持续改进和优化，使其更加符合"绿教育"理念和学生需求。同时，鼓励教师不断更新教学内容和方法，以适应不断变化的教学环境和学生需求。

围绕"用绿韵浸润学子之心，让生命在绿韵中升华"的办学理念，开发"四维课程"——学生课程、教师课程、家长课程、后勤课程。

第五节 家校协作

家校协作对教师专业发展具有多方面的意义。通过丰富教育资源、促进因材施教能力和提高沟通合作能力，家校协作有助于教师更好地应对教育挑战，提高教育质量和效果，实现自身的专业成长与发展。谢岗镇中心小学为了更好地推动家校合作，围绕"绿教育"理念办好家长学校，提升家长素质，培养智慧家长，实现家校双赢。

谢岗中心小学围绕"绿教育"理念开展家校协作的实施过程，主要分为以下几个关键步骤。

（一）理念宣传与共识建立

（1）宣传"绿教育"理念：学校通过家长会、工作坊、宣讲会等方式向家长宣传"绿教育"的理念和目标，让家长理解这一教育方式的重要性和价值。

（2）建立家校共识：学校与家长共同探讨和确定"绿教育"的实施方案，明确双方的责任和角色，确保家校在"绿教育"上的共识。

（二）制定家校协作计划

（1）设定目标和计划：学校与家长共同设定"绿教育"的具体目标

和实施计划，确保家校之间的行动协同。

（2）明确责任和任务：明确家校各自在"绿教育"中的责任和任务，如学校提供教育资源，家长参与家庭教育等。

（三）开展家校互动活动

（1）组织亲子活动：学校组织亲子活动，如户外环保实践、家庭垃圾分类挑战等，让家长和孩子共同参与，体验"绿教育"的乐趣。

（2）定期沟通交流：学校定期与家长进行沟通交流，了解学生在家庭中的"绿教育"实践情况，及时给予指导和支持。

（四）建立反馈与评估机制

（1）收集家长反馈：学校定期收集家长对"绿教育"实施情况的反馈，了解家长的意见和建议。

（2）评估实施效果：学校对"绿教育"的实施效果进行评估，根据评估结果调整和优化实施方案。

（五）优化家校协作实施方案

根据家长的反馈和评估结果，学校不断调整和优化"绿教育"家校协作的实施方案，以更好地满足学生的需求和期望。

通过以上实施过程，谢岗中心小学能够有效地围绕"绿教育"理念开展家校协作，促进学校和家庭之间的紧密合作，共同为学生的健康成长和全面发展提供有力支持。

第七章 保障措施

新时代，教育课程改革将教师的专业发展提升到了前所未有的高度。我校从实际情况出发，依托自身的资源优势，创新教育教学研究，力求打造一支团结向上、素质优良的教师队伍。学校采取分层培养、团队合作、专业引领、科学评价等形式，促使教师转变育人模式和教学理念。在实践中，教师学会合作，学会完善自我，学会开发教育资源，从而促进教师的专业发展。

第一节 团队精神的培养

随着新课程理念的逐渐渗透，不同学科的相互融合，以及与现代信息技术的整合等因素，都要求教师之间相互合作，共同提高。教育是一个系统工程，需要社会、学校、家庭等多方面的相互配合，教师学会合作显得尤为重要，以形成教育合力，共育新时代新人。

一、携手共进，发挥学校领导班子的示范引领作用

学校领导班子是整个学校运行的火车头，学校能否健康、正常地发展，

领导班子起着至关重要的作用。谢岗镇中心小学一直倡导领导班子与教师们一样，要求教师做到的，领导必须率先做到；要求教师不准做的，学校领导更不能做。例如，每天的阳光活动，学校领导必须参加；义务劳动、捐资助学、扶贫捐赠，班子成员必须身先士卒；遇到困难，班子成员也要敢于面对，勇于担当，集思广益克服困难。学校领导不能拈轻怕重，要严于律己，勇挑重担，带领教师共同解决问题，把工作做好。这样，学校团队的凝聚力必然会大大增强。

二、依托校本教研，构建教研共同体

校本教研是确保新课程改革全面推进、落到实处的根本保障，也是培养团队精神的载体。在教研活动中，教师之间进行专业切磋、协调与合作，相互学习，彼此支持，共同分享成功经验。谢岗镇中心小学倡导科学精神和实事求是的态度，营造求真、务实、严谨的教研氛围。通过开展形式多样的活动（如集体备课、课题研究、问题交流、新老教师结对等），将团体合作学习方式引入校本教研活动中，强化合作意识，实现资源共享，做到优势互补。开展教学观摩、问题讨论等活动，促进教师之间的互助互学，让教师在开放互动的环境中学习，感受合作的需要，享受合作的乐趣，实现教育教学的共同体。

三、合作研究，优势互补

合作研究是培养团队精神的途径和方式。如果教师个体进行研究，其教学行为只会产生一时的变化，但这种变化难以持久，也难以转化为群体教师的行为。在实践中，只有教师集体参与，才能形成一种研究氛围。团队成员不断超越自我，相互学习，取长补短，从全局出发，全面提升整体的教书育人水平，这样的研究才能真正提升学校的教育能力，全力打造学习型学校。

团队精神是一个集体团结一心、目标一致、协同共进的体现。它犹如大海中航行的巨轮，在这艘巨轮上每个人都发挥着重要作用，在睿智船长的正确指挥下，全体船员齐心协力，乘风破浪，扬帆起航。一所学校也是如此，只有具备这种精神，才能真正实现高质量发展。

第二节　分层分类的发展

谢岗镇中心小学秉持"以教师发展为本，教师有效学习"的基本理念，以促进教师专业知识与专业技能的发展为目标，以分层分类发展为载体，依托各种有效机制，激发教师专业自主发展的动力，构建富有活力的学习型、研究型教师团队，致力于打造一支适应教育发展和学校发展需求，师德高尚、业务精湛、结构合理，具备创新精神与实践能力的专业化师资队伍。

一、成人学习与成人发展的相关理论

由于年龄、心理、生理、环境等方面的差异，成人具有与儿童和青少年学生不同的学习特征。例如，在心理层面，成人的理解能力优于背诵；在生理层面，成人的生理条件随年龄增长而逐渐退化，可能对学习产生负面影响；在社会层面，成人扮演着多元角色，致使学习过程中易遭遇障碍，如职业变动。成人学习的特殊性吸引了众多西方学者对成人学习理论的研究。美国成人教育家诺尔斯（Knowles）的成人教育思想是西方成人学习理论的主要代表。基于诺尔斯的成人教育思想，成人学习的主要特点包括：①学习自主性较强。②个体生活经验对学习活动具有较大影响。③学习任务与其社会角色和责任密切相关。④以问题中心或任务中心为主的学习。

二、基于理念分析，采取分层分类发展模式

教研组层面：将构建"学习型团队"作为学校管理的首要目标，创造不断学习的机会，促进探讨和交流，鼓励共同合作和团队学习，建立学习共享系统；将教研组建设成为能体现共同愿景，并能不断鼓励个人、师生员工获得自我超越的"学习型团队"。发扬团队精神，加强教研组建设，积极探索教研组管理和教研活动创新，促进教师自主学习，完善教师文化结构，推动学校的持续创新发展。

学校层面：将"引领教师专业化发展"作为学校教师队伍建设的首要任务，通过校本教研和校本培训打造一支师德高尚、素质精良、业务精湛，在教育教学改革中有思想、有作为的骨干教师队伍，有效带动学校各方面工作，促进学校的内涵与健康发展。

构建教、研、训相结合，分层推进个性化培训体系。学校每学期组织一次大型教研活动或主题研讨活动，邀请兄弟学校的优秀教师或教研室专家来校展示优秀教研成果或开设讲座，为教师提供相互学习、交流、研讨的机会；实施教师岗前培训、专题培训、科研培训、校本培训等多种形式的培训，选拔我校有发展潜力的教师与兄弟学校优秀教师师徒结对；各教研组每学期按时开展教研活动和主题研讨活动，保持专业技能不断更新，点燃教育创新的思维火花；每位教师进行常态化、系统化的教学反思，提升专业能力，拓宽视野、激发追求超越的动机；继续推行教师外出培训反思制度，实现资源共享，成果共享。

三、优化发展路径，建立发展体系

谢岗镇中心小学创建明晰的职业发展路径：为教师设立不同的职业发展阶段，并确立相应的职业标准和评价体系。根据教师的能力、技能和经

验等方面的要求，将教师划分为不同层级，如初级教师、中级教师、高级教师等职称，使教师能够明确自身的职业发展方向。学校提供专业发展培训机会：构建完备的教师培训机制，为教师提供不同层次和领域的培训课程及学习机会，帮助教师提升教育教学水平和专业素养。同时，建立师德师风考核制度，加强教师的道德修养和职业道德建设。学校建立导师制度和专家指导机制：合理设置导师制度，由经验丰富的高级教师或专家指导初级和中级教师的教学工作。在导师的悉心指导下，帮助教师提升教育教学水平，有效促进教师之间的交流和合作。

学校构建分层分类的教师成长发展体系，以塑造反思、学习型教师团队，经过多年的悉心培育，提升我校教职工队伍的整体水平，形成一支具备新时代"四有好教师"特色的优秀队伍。

第三节　个人规划的落实

随着教育教学改革的持续深入，对教师个人综合素质的要求也越来越高。新课程的实施，教师既需具备扎实的学术根底、广阔的学术视野、不断更新知识、追逐学术前沿的意识，又需把握教育的真谛，洞悉学生发展的规律，掌握现代教育信息技术，具备热爱学生、关怀学生、对学生认真负责的品质。切实做到与时俱进，与新课程共同成长，就必须坚持参加学习，科学规划，不断地丰富自己，以主人翁的心态投身到课程改革的浪潮之中，以适应社会的需要。

一、以学促发展，在学习中厚实文化底蕴

谢岗镇中心小学全面实施学校制定的三年规划，进一步探索现代教学技术的开发、应用的方法途径，培养能开发和应用现代教育技术的教师和

学生。深化课改，进一步践行学校"绿教育"理念，培养学生创新思维和核心素养。注重对自身教育行为的反思，在反思中扬长补短，从专业发展状况进行自我剖析，深入了解自身优势和不足。基于此，以新课标为纽带，教师要认真研习新课标，并扩大学习范围，搜集资料，厚积薄发，在课堂上展现魅力和活力；更要向其他优秀教师学习，汲取新理念，努力使自己的课堂更精彩，教学更具成效。学习和发展的内容及途径应是全方位、多层次的。现今是一个开放的信息社会，信息的渠道非常广泛，包括社会考察、网络学习、课题研究、观摩学习、学术研讨、实践和行动研究等更为广泛的知识领域，这样有助于更好地了解学生，了解社会。教师还需主动阅读教育教学书籍和报刊，每月能撰写数百字的评价；每月至少对一个教学案例进行评价，或撰写一个教学案例；每学期阅读一本教育专著，写出不少于1 500字的读后感；外出听课、学习、培训，将收获撰写与大家学习、交流，让学习成为教师工作的另一种方式。

二、知行合一，在做中开拓创新发展

课堂是教师发挥教育智慧的主要阵地。因此，教师应以课堂为载体，精心备课，专心授课，运用所学的教育理论来指导教育实践。潜心探索，增强授课技能，努力做到讲解清晰化、条理化、准确化、情感化、生动化，做到线索清晰、层次分明、言简意赅、深入浅出。在课堂上尤其需注意调动学生的积极性，充分体现学生的主体作用，让学生学得容易、学得轻松、学得愉快。在教学实践中，反思与完善同行，让"实践—反思—再实践—再反思"无限循环，形成自身的教学风格，让课堂绽放出绚丽的色彩。其次，在教中研，研中教，教学水平才能有所发展，教育艺术才会有所提升。教学中，教师要认真观察并捕捉可研究的瞬间，让教育与研究灵动结合，真心体验其中的乐趣。同时，要善于发现教学中存在的问题和困惑之处，选取适宜的角度展开研究,分析现状,找出问题的根源,研究解决问题的策略。教学实践中,匠心慧眼,创新教学,充分发挥自身特长吸引学生,激发学生的探索热情,并能在自己的课堂上得到发展。

三、以思启慧,在思中探索感悟进取

教书者先强己,育人者先律己。首先要提高自己的政治思想素质。教师的政治取向、道德素质、教育观、世界观和人生观对学生具有直接影响。学为人师,身为世范,当引导学生树立各种正确观念,教育学生学会求知、学会做人、学会创造,培养学生成为与时俱进的新型人才。有学者指出,对教师而言,能否以"反思教学"的方式化解教学中所发生的教学事件,是判别教师专业化程度的一个标志。由此不难看出反思的重要性。因此,在学习时,要根据所学反思自身的教育实践。问题出在哪?找准突破点;方式不正确?换一种来尝试;教学语言不精练?勤练基本功;教态不恰当?对镜常演练;难点有偏差?教材不可轻;提问不科学?策略非常关键。反思是一种对教育的执着与专注,是一种永不满足的进取精神。善于思考,在实践中探求、感悟,在审视中甄别,在前瞻中创新,时刻将工作与思考相结合,创造性地开展工作。经过不断的反思,教育智慧也会随之不断增长,推动个人规划的发展,赋能个人专业成长。

教师是人类永恒的职业,但社会对教师条件的选择并非永恒不变。新课改理念不断提升,对教师的理论素养、个人素质及教育教学观念提出更高更新的要求。教师良好的素质并非与生俱来,而是通过接受学校教育、继续教育即终身学习才能获得。树立终身学习的观念,使学习成为自身的一种内需,通过学习提升师德修养,丰富知识结构,增强理论底蕴。工作中,积极投身教育科研的改革与实践,从学生生命发展的高度积极探索新的课堂教学;实践中,不断探求、感悟、反思,时刻提醒自己用潜心钻研,有

效落实个人规划，使自己逐步成为研究型、开拓型、全能型的新时代教师。

第四节 评价机制的推动

教师评价和激励机制的构建是推动教育事业发展的关键环节。通过建立科学的评价指标体系，采取多维度的评价方法，对教师的教学水平、教学风格以及专业素养进行定量、定性的评价，并提供专业发展机会、实行公平公正的激励政策，可以提升教师的教学质量和工作动力，进而推动教育事业的不断发展。为了实现这一目标，学校、家长和社会等各方应齐心合力，共同推进教师评价和激励机制的建设。

一、多元促提升，构建合理的教师评价机制

谢岗镇中心小学构建多元评价体系：评价制度科学结合教师的教学能力、专业知识、教学方法和学生发展状况等日常工作，以及学术研究和教学成果等方面进行评价，制定具体的评价标准，形成多角度、多维度的评价体系，为教师提供全面的反馈信息。学校成立以校长为组长的领导小组，各部门协同推进，加大重视力度，在岗位设置、职称评定、绩效考评、年度考核、教职工代表会议、考查评估及其他评优评先等活动中，引领向积极学习、成长迅速、活力创新、研究成果突出的个人和团队学习，树立正确的人才培养观，以赛促成长、以评促发展、以榜样促引领，提高专业教师的获得感和成就感，实现人才培养目标。学校为每位教师建立成长档案，将教师校本培训、专业标准、基本功比赛、学科培训、读书沙龙、名师论坛等累计积分，表彰先进，树立教育教学中的榜样力量。采取多维度的评价方法，在实践教学中，学校灵动结合自我评价、同事互评、领导评价、学生及家长评价等多种评价方式，采取听公开课、观摩课、汇报课等多种

形式，做到自我评价与他人评价相结合，静态评价与动态评价相结合，过程性评价与终结性评价相结合，使评价为教师教学活动的开展指引方向，为教师的成长保驾护航。这样才能更全面地了解教师的工作表现，准确地评价教师的教学质量。同时，评价制度配套有效的培训机制，为教师提供专业发展所需的培训课程和学习机会，两者相结合，形成良性循环，帮助他们提升教学理念和方法，掌握新的教育技术和教学手段。评价制度鼓励并支持教师间的交流与合作，以名师观摩课、研讨会等活动，促进教师间的互动和共享，以多元评价促提升。

二、多渠道促完善，加强评价和激励机制的研究

评价和激励机制是一个不断发展的过程，激励机制是评价机制的延伸。在激励机制的建设过程中，建立公平公正的评价标准和评价方法，规避评价结果的偏见和不公平现象，确保评价制度的可信度和有效性。学校根据教师的教学表现、专业素养和学术研究等因素进行评估，进一步提升评价和激励的科学性和有效性，从而激发教师的工作热情和主动性，推动其积极地投身于教学工作中。另外，学校确立教师成长的导向，教师评价制度将教师的成长与职业发展灵动结合，通过明确的目标和标准，引导教师进行个人规划和目标设定，提升教师的自我驱动和自我管理能力，进而促进教师职业发展。此外，家长与社会的评价和激励对教师的工作质量和教育事业的发展具有重要影响，基于此，评价和激励机制的建设不能只依赖于学校。以家长学校为桥梁，加强与家长和社会的交流，争取得到家长和社会的支持和配合，共同为教师的评价和激励机制建设探索新方法。

第七章 保障措施

三、科学分析评价数据，提供反馈和指导

评价结果的数据分析和应用对于评价机制的改进和效果的提升至关重要，教师评价结果的运用是评价机制中的最终步骤。学校通过对评价数据进行统计和分析，可以了解教师的整体状况和发展趋势，有效为教育策略提供依据，并优化评价指标和流程。以数据为载体，科学分析评价结果为教师提供发展的方向和重点，促进教师的反思与自我提升。由此可见，学校以多维的教师评价制度及时反馈教师的优点和不足，从而培养教师主动寻找问题和解决问题的能力，推动其在教育教学方面不断提升和自我完善，以便进一步改进教学方法和策略。同时，评价结果的运用也为学校的发展提供前行的方向。

教师评价制度是一种对教师工作进行评估和改进的机制，促进教师专业发展的重要手段与保障。通过建立健全的评价机制，提供个性化、开放式与长期性的评价视角，激励教师积极投入工作。学校建立良好的教师评价制度，并与教师专业发展紧密结合，有效提升教师的教学质量和专业能力，锤炼教师的教育教学艺术，推动教育事业的深度发展。

第五节 温馨环境的营造

教师是教育发展的资源，学校是教师专业成长的花园。因此，让每一个教师都获得充分和谐的发展，是学校追求自身发展的必然选择，也是学校管理的精髓所在。优良而独特的校园环境所形成的团结友好、气氛温馨的校园，可令教师心情舒畅，在愉悦的氛围中，传播知识会达到最佳效果，教师也会尽情发挥自己的创造性。学校是一个特殊的育人环境，只有在一个和谐的人文环境中，才能充分发挥学校的育人功能。和谐的育人环境有

利于调动教师教育教学的积极性，有利于教师的身心健康发展，还有助于教师个性、潜能的发挥。

一、人文关怀，构建和谐校园文化

　　学校的管理以人为本，扬高尚人格的旗帜，完善互动的机制，教师在价值观念、目标追求上达成共识，形成一股彼此合作的动力。因此，学校着力营造一种既严格管理又有利于教师成长、发挥才能的多维平台，创造一种"上下同心，砥砺前行"的人文氛围，形成教师与学校、与他人的亲和力，增强学校的凝聚力；以达到教师与学校领导之间、教师与教师之间、教师与学生之间的和谐，助力教师生成职业认同感。学校秉承"坚持以人为本，体现人文关怀"的理念，讲学习、推服务、求发展，积极建设学习型的教师群体，推动学校各项工作的全面进步和发展。学校用心构建内容丰富、内涵多元、个性鲜明的校园环境，会让教师产生一种理想动力，这种理想动力感是教师产生持续动力的源泉，是教师进行创造性工作的基石，也是教师消除职业倦怠的"良药"。为教师减负，创设活力轻松的氛围，完善教职工医疗互助和心理健康关爱体系，定期专项体检，加强教师常见病的防治培训。学校充分发挥工会组织作用，建好"教职工之家"，和谐的校园如同温馨的家园，让教师保持幸福的心态。以活动强体魄，共成长，举行阳光体育锻炼、职工篮球联谊赛、趣味游园活动、书画比赛等健康活动，学校"大家庭"处于一种团结互助的温馨环境中，教师潜心育新人。多彩活动，增强教师参与学校管理的责任意识，在办学理念、教学质量管理和教学研究等问题上，鼓励教师积极献计献策。学校以人为本、深挖资源、优化管理，启动暖心工程，注入智慧和谐、阳光健康、温馨激励等元素，营造人文关怀的良好氛围，助教师化繁为简，变压力为动力，促进教师专业的和谐发展，永葆教师专业的创新性，实现教师职业的真正价值和理想境界。

二、以课堂为纽带，赋能教师专业之能

课堂是师生生命成长的摇篮，也是教师实践理念、展现才华、彰显师德、体现自身价值并引导学生发展的主要阵地。成长始于课堂，又服务于课堂，教师的发展最终是为了学生的成长。教师个人的发展是学校可持续发展的关键因素。教师的生命力在课堂，因为课堂教学处于一种"多变"的状态，教师面对的是具有不同思想的人，新颖的课堂教学会因"新生"而变，随学情而变，每一节课的教学质量都会影响教师对职业的感受和态度。这一切都会唤醒教师自我提升、自我学习的动力，汲取前沿的教育理念，努力使每一节课都孕育生机、焕发生命活力。因此，教师会精心设计教学，调动有效手段和方法，包括语言、技巧和多媒体等方式，求实有度，钻研文本、精心预设，在课堂中将知识体系进行合理分解，实现精简合理，精彩与严谨共存，调动学生探究新知的热情、解决问题的兴趣以及对整个学习过程的决心，激起学生的求知之情、探究之趣。教师深度领悟新课标的理念，钻研新教材，改革课堂教学结构，转变教学方式，利用课程资源，开发课程资源，力争高效，减少低效，杜绝无效，在新课改理念的指导下努力提高教育教学质量。这样的课堂才有利于学生在探究中主动学习、合作交流、发现方法、提升自我。课堂成为真正培养学生、智赢未来的魅力课堂。学校以提升课堂管理为着力点，凝心聚力引领教师勇于追求专业发展，培养学生的核心素养，从而实现学校内涵的深度发展，增强学校核心竞争力。

三、以"教科研"相融，促教师发展

教师资源是一所学校的生存之本、发展之源。谢岗镇中心小学以教科研相融，多样化教研提升品位。"以教促研，以研兴教"是提升教师专业素养和学校办学品位的重要载体，也是学校健全发展机制和完善的重要保

障。学校的校本教研中深度融合"专业引领""同伴互助"和"个人反思"三位于一体，教师在校本教研过程中以研究的心态，认真对待教育教学、反思实践、交流合作，助力教师整合多面知识、教学经验上升为教育智慧，进一步提升理论与教育教学艺术。

学校依托多层面的教研活动，搭建多维平台使每一位教师积极参与到课题研究中，秉持"问题即课题"的理念，全面提高教师自身的专业水平和业务能力。一是发挥好教导处的引领作用，发挥好教研组长、学科骨干的模范带头作用。二是发挥好基层行政组织备课组的作用，发挥团队精神，深化开展集体备课、教研活动，努力打造"品牌意识"。积极发扬民主，同伴互助，实现和谐发展，使学习的氛围渗透到校园的每个角落时，就一定能实现充满生命活力的和谐校园。三是激发教学管理队伍的创新管理意识，进一步从管理上促进教学秩序，从教研组建设上探寻提高成绩的新路子。教科研一体化，努力打造校本教研文化，注重教学案例的积累与分析，注重课堂上师生活动的精彩记录，注重把理论学习成果转化为课堂教学行为，注重教学经验升华为新的教学规律，夯实教师的"底气"，绿美校园洋溢"大家庭"的归属感。

基于此，学校以帮助教师实现专业发展为目标，着力构建"三面体"的校本教研活动，从而充分调动组内教师参与校本教研的积极性。一是面向新教师的"适应性"教研活动；二是面向全体教师的"主题性"教研活动；三是面向骨干教师的"发展性"教研活动。学校在促进教师发展方面建立多样的激励机制，给予多元化评价，多维度鼓励，设置创意课堂奖、卓越教学奖、突出科研奖、科学组织奖等奖项。学校整合资源，引领教师自我规划专业发展新路径，确定自我发展方向；剖析自己，优化自己的长处，演绎自己的独特。学校用心用情关注教师的专业发展，创设教师专业发展的优良环境，研究教师专业发展的对策，关注师生成长，营造温馨环境促教师的专业发展。学校以教师成长为突破口，继续抓好教学管理队伍，深化课堂教学改革，构建教学新模式，实现教师提能，减负增效，教学有效的目标。

新征程，坚信念。教育之路漫长且充满希望。谢岗镇中心小学以习近平新时代中国特色社会主义思想为指导，聚焦推进中国式现代化，巩固并深化"双减"成果，全面发展素质教育。以新课程实施为主旋律，落实立德树人根本任务；以教育家精神为引领，强化高素质教师队伍建设，躬身教研，构建校本教研新模式，为"绿教育"高质量发展赋能。

在"减负增效"这项系统工程上，我们凝心聚力，拓宽渠道，汲入新元素，从团队精神培养、分层分类、个人规划、评价机制、温馨环境营造等方面用心完善，为教师发展保驾护航，全方位促进教师深度发展。以新课程改革为中心，以课堂教学改革为抓手，以全面推进素质教育为重点，基于发展要有新思路、改革要有新突破、各项工作要有新举措的要求，减负增能，推进品牌学校建设，提升学校品位，"绿教育"再度扬帆起航。